大学生
安全教育
科普百问

杜桂潭　主编

上海教育出版社
SHANGHAI EDUCATIONAL
PUBLISHING HOUSE

图书在版编目（CIP）数据

大学生安全教育科普百问 / 杜桂潭主编. — 上海：
上海教育出版社，2022.11
ISBN 978-7-5720-1775-9

Ⅰ.①大… Ⅱ.①杜… Ⅲ.①大学生－安全教育－
问题解答 Ⅳ.①G641-44

中国版本图书馆CIP数据核字(2022)第221054号

责任编辑　周琛溢
封面设计　周　吉

大学生安全教育科普百问
杜桂潭　主编

出版发行　上海教育出版社有限公司
官　　网　www.seph.com.cn
地　　址　上海市闵行区号景路159弄C座
邮　　编　201101
印　　刷　上海景条印刷有限公司
开　　本　700×1000　1/16　印张 9.25
字　　数　150 千字
版　　次　2022年11月第1版
印　　次　2022年11月第1次印刷
书　　号　ISBN 978-7-5720-1775-9/G·1622
定　　价　68.00 元

如发现质量问题，读者可向本社调换　电话:021-64373213

序 一

国家安全是国家的基本利益，人民安全是国家安全的基石，维护国家安全是全国人民根本利益所在。去年，我拿到了杜桂潭先生主编的《大学生安全教育科普百问》书稿。在今年 4 月 15 日第七个全民国家安全教育日前夕，我再次翻阅该书稿，一串串熟悉的标题映入眼帘，令我不由得心生感佩。

杜桂潭先生军旅生涯十一年，深耕上海应急消防行业二十余年。"睁眼天未亮，归来须掌灯"，三十多年来，他始终不忘初心，勤勉尽职，忠诚地履行着一名"安全卫士"的角色。客观地说，杜桂潭先生没有什么学术头衔，也没有国家授予的荣誉，但他为了"安全"二字殚精竭虑，孜孜以求，这正体现了其自觉关心、维护国家和社会安全的博大胸怀。他积攒知识，博采众长，不计得失，淡泊明志，坚定地担起了安全教育的科普责任，先后编写了《城市应急安全通识》和《中小学生安全教育科普百问》。即将出版的《大学生安全教育科普百问》是他的第三部力作。

《大学生安全教育科普百问》着眼总体国家安全观，披沙拣金，避繁就简，以一问一答的形式对安全观教育常识、自然灾害及事故应急安全常识、公共卫生事件应急安全常识、社会安全事件应急安全常识作了提炼概括；在概述重要内容时，还配以生动的图片和视频，大大增强了本书的趣味性、普适性和可读性。

习近平总书记指出："国家的前途，民族的命运，人民的幸福，是当代中国青年必须和必将承担的重任。"大学生的校园生活离不开安全的环境，大学生的未来发展离不开国家的长治久安。国际视野和总体国家安全观，应该成为每一位大学生综合素质与能力的重大评价要素，也必将成为撬动新一代大学生重塑社会责任的重要支点。

《大学生安全教育科普百问》可以成为受教者和教授者、校内青年和校外青年乃至全民国家安全科普的精神食粮，我愿为其作序并力推之。

帝德信

少将

江苏省军区原政治委员

2022 年初夏写于上海

序　二

　　杜桂潭先生是军人出身，1974年12月入伍，1985年12月从上海警备区后勤部转业进入体制内工作，1992年下海经商创办企业后进入消防行业。我十年前到上海，由于军人情结和消防事业的关系，与他一见如故，相谈甚深。

　　他虽然从事的是消防工程设施安装专业，但在应急安全领域却有着不同于一般企业家的视野与格局。在国家实行改制之前，他便预见到实行消防部队行业协会社会组织自律管理的必要性和必然性，率先发起成立上海应急消防工程设备行业协会，并以超常的效率出台了一系列行业团体标准，使上海的应急消防企业风生水起地步入规范化操作、标准化管理的轨道。

　　在消防安全行业自律监管的实践中，他不满足于仅在应急消防供给侧有所作为，2019年起还从社会大众对公共安全思维需求侧角度考虑问题，组织编写"应急安全通识"科普丛书。本书是继《城市应急安全通识》《中小学生安全教育科普百问》出版后的第三种科普作品，是在中央关于加强总体国家安全观的背景下出版的一本涵盖面较广、专业性较强、操作性较好的科普图书。我在多年安全工作实践中，见证过某大学学生宿舍起火，几名大学生向上层躲避，最终因烟气中毒窒息而亡；见证过大学生在国外留学，因不拘小节被抓把柄，最终被境外间谍情报机关拉拢；见证过大学生因痴迷网游被黑客利用，参与窃取军事情报和经济信息……这些例子都说明我们对大学生安全教育的科学普及仍有提升空间。

我认为杜桂潭先生主编的这本科普图书，填补了安全教育知识普及的空白，对增强大学师生乃至国民的大安全意识具有重要意义。

赵子新

将军

原上海市消防局局长

国家消防救援局特邀研究员

2022 年 10 月

序　三

　　杜桂潭同志发起成立上海应急消防工程设备行业协会八年来，旨在推动应急安全行业自律、规范发展，在制定行业团体标准、培养高技能人才、举办国际性应急安全装备博览会暨产业高峰论坛、推广公共安全科普教育等方面尽到了一名民营企业家的责任和义务。

　　在上海市教育委员会、上海市应急管理局、同济大学城市风险管理研究院的指导下，杜桂潭同志曾自费主编《城市应急安全通识》《中小学生安全教育科普百问》，现又出版《大学生安全教育科普百问》，即"应急安全通识"科普系列丛书之三，这是一种不忘初心的情怀所在。本书共四章257问：第一章是安全观教育常识，第二章是自然灾害及事故应急安全常识，第三章是公共卫生事件应急安全常识，第四章是社会安全事件应急安全常识。附录一和附录二以案例或思考题形式呈现，使本书的内容更丰富、更充实，也更全面。

　　编者根据大学生年龄特点和学习生活环境，在宁波大学科技学院、上海杉达学院等校进行了问卷调查，针对大学生关注的如何鉴别境外渗透势力、如何防范电信网络诈骗、如何在面对突发情况时自救、如何应对校园欺凌事件等内容进行了深入的研编打磨，去伪存真，以问答与视频相结合的方式介绍相关知识，使本书兼具实用性、趣味性、知识性。

同济大学城市风险管理研究院院长

2022 年 10 月

目　　录

第四节　运动损伤的紧急救治 / 095

第一章

安全观教育常识

第一节　国土安全

1. 什么是国土安全？

国土安全包括领土及自然资源、基础设施安全等方面，核心是指领土完整、国家统一，边疆边境、领空、海洋权益等不受侵犯或免于威胁的状态。

如今，我们面临境内外分裂势力的挑衅。

维护国土安全必须加强国防和外交能力建设。

2. 什么是领土管辖权？

领土管辖权是国家的基本权利之一。

国家对领土享有完全的、排他的支配和管辖权，不容他国以任何方式进行掠夺或侵犯。任何国家不得破坏别国的领土完整。

和平共处五项原则中的第一条就是互相尊重主权和领土完整。

《联合国宪章》所宣布的原则之一是各会员国在国际关系上不得使用武力或用武力威胁侵犯任何国家的领土完整或政治独立。

3. 领土、领海、领空的本质含义是什么？

领土亦称国土，是一国主权管辖下的区域，包括一国的陆地、河流、湖泊、港湾、内海、领海及它们的底床、底土和上空（领空）。

领海即处于沿海国主权之下位于其陆地领土及其内水以外邻接的一带海域，群岛国的领海则是群岛水域以外邻接的一带海域。

领空即属于国家主权的领土和领海的上空。

4. 国际上第一个关于空中立法的条约《巴黎航空公约》有哪些重要规定？

《巴黎航空公约》于 1919 年 10 月 13 日在法国巴黎缔结，1922 年 7 月 11 日开始生效。

条约规定：（1）每个国家对领土上空的空气空间具有完全的主权；（2）一国领空的法律由该国国内法规定，外国飞机和其他航空器非经该国许可，不得在其领空飞行；（3）允许入境、过境的飞机和其他航空器应遵守地面国的法令；（4）外国航空器，特别是军用飞机，未经许可进入该国领空，被认为是对该国主权领土的侵犯，地面国有权按照情况采取相应措施；（5）各国民用航空器在和平时期应相互给予无害通过自由。

5. 什么是防空警报？

防空警报是城市防空工程的重要组成部分，平时用于抗灾救灾和突发事故情况下的灾情预报和紧急报知，战时用于人民防空，是各级人民政府实施人民防空指挥、组织人员疏散的基本手段，是在城市受到空袭威胁时发出鸣响提醒人们防空的警报。

防空警报分为预先警报、空袭警报和解除警报三种。

防空警报

6. 听到预先警报、空袭警报、解除警报该怎么做？

预先警报鸣36秒，停34秒，重复3遍，时间为3分钟。听到预先警报后，应立即拉断电闸，关闭燃气，熄灭炉火，带好个人防护器材和生活必需品，进入人防工程或指定隐蔽区域。

空袭警报鸣6秒，停6秒，重复15遍，时间为3分钟。听到空袭警报后，应就近进入人防工程隐蔽。情况紧急无法进入人防工程时，要利用地形地物就近隐蔽。若在空旷地，可就近疏散到低洼地、路沟里、土堆旁、大树下，迅速卧倒隐蔽。

解除警报长鸣 3 分钟。听到解除警报后，应尽快恢复正常的学习生活秩序。

听到空袭警报的应对方法

7. 什么是民防工程？它与普通地下空间有什么区别？

民防工程是战时掩蔽人员、物资，保护人民生命和财产安全的重要场所，是实施人民防空最重要的物质基础。民防工程包括为保障战时人员与物资掩蔽、人防指挥、医疗救护等单独修建的地下防护建筑，以及结合地面建筑修建的战时可用于防空的地下室。

与普通地下空间相比，民防工程配有防爆波活门、防护门、滤尘器、滤毒器等设备设施，可有效地阻挡冲击波，过滤放射性物质、毒剂和致病微生物，阻止染毒空气进入工程，保护工程内人员的安全。

第二节　经济安全

8. 什么是假币？

假币又叫假钞，是不法分子通过伪造或变造制作而成的"货币"。

伪造的"货币"就是仿照真正货币的图案、色泽、形状大小，采用各种非法手段制作成的"货币"。变造而成的"货币"则是将真正的货币通过挖补、涂改、移形换位进行拼凑（半真半假）或揭层等非法手段制成的"货币"。

9. 如何识别假币？

一般来说，我们可以通过"一看二摸三听"的方法来初步鉴别一张纸币的真假。

一看，就是仔细观察这张纸币的颜色、图案、花纹及防伪线，将它与真币进行对照，还可以进一步观察钞票上的水印是否清晰等。

二摸，就是用手触摸这张纸币是否有层次感及凹凸的立体感。真正的人民币纸质坚韧，厚薄均匀，假币则显得柔软、粗糙。

三听，就是将这张纸币拿在手里轻轻抖动，通过抖动时纸币发出的声音来辨别它的真假。真正的人民币会发出清脆响亮的声音，假币则听起来感觉沉闷。

当然，辨别钱币真伪最可靠的方法是到银行网点，请专业人员借助银行专用验钞机等设备来进行鉴定。

10. 如何防止银行卡被盗刷？

（1）必须通过银行网点等正规渠道申办银行卡。

（2）尽量选择使用带有芯片的银行卡，因为带有芯片的银行卡能有效降低银行卡被复制等金融诈骗事件的发生，而且用卡更安全。

（3）预先设置好合适的卡的消费金额，限制每日消费的次数及每次消费的金额，这一点对年轻学生而言特别重要。

（4）开通银行短信通知服务，以便第一时间掌握卡的消费信息。

（5）及时核对账单信息，包括刷卡消费时的对账单。

（6）千万不要把银行卡和身份证放在一起。

（7）保护好身份证、银行卡的密码等有关信息，同时绝对不能把银行卡借给他人使用。

（8）刷卡消费时，无论在什么情况下都不要让卡离开你的视线，输入银行卡的密码时要注意遮挡，防止被别有用心的人偷看到。

11. 银行卡被坏人盗刷了怎么办？

一旦通过银行发来的手机短信等途径，发现自己的银行卡被他人盗刷，应立即致电发卡银行挂失，请银行冻结卡的使用及卡内的资金。

随后，须立即持这张被盗刷的银行卡去附近任意银行网点的 ATM 上进行取款或存款的操作，或到附近有监控设施的商店刷卡消费一次。这样后台便可在立案时证明，在这个时间点，银行卡仍然在持卡人的手里，也就是说这张银行卡确实被他人在其他地点恶意盗刷了。

紧接着，须向银行说明情况，提交自行取证获得的有关证据，说明自己的银行卡的确被他人恶意盗刷了。

与此同时，应就近向警署等公安机关报案。警方将根据提供的证据出具立案通知书。持卡人应将此立案通知书提供给银行。

在一般情况下，如果能及时做到以上几点，银行卡被盗刷的损失就有可能被追回或得到弥补。

12. 为何要谨慎对待校园贷？

所谓的专门向学生提供的贷款通常都是高利息，超过法律所允许的利率范畴。尽管贷款属于"周瑜打黄盖，一个愿打一个愿挨"，可这些高额利息对于没有任何经济来源的学生来说，还不上的可能性比较大，极易引发负面事件。

这类所谓的校园贷，本质上就是高利贷。我国规定，只有经银监部门批准设立的从事贷款业务的金融机构及其分支机构有权发放贷款，其他任何机构和个人都不得以任何名义发放贷款。校园贷一般不属于金融贷款，属于普通经济行为，按民间借贷纠纷处理。

谨慎对待校园贷

13. 如何防范校园贷的发生？

（1）必须充分认识到网络借贷的利弊，建立文明、理性、科学的消费观，拒绝过度消费、超前消费。

（2）提高自己的辨别能力，甄别五花八门的网络借贷软件，不要轻易泄露个人信息和个人隐私，慎重对待涉及隐私和金钱的活动。

（3）在校园内以学习为重，不要过于注重物质，不要盲目跟风和攀比，"静以修身，俭以养德"。

第三节　文化安全

14. 什么是文化安全？

文化安全包括文化主权、文化价值观、文化资源安全等方面，是确保一个民族、一个国家独立和尊严的重要精神支撑。

如今，我们面临外部意识形态渗透、消极文化侵蚀、文化自信和向心力缺失等威胁。

维护文化安全必须强化中华优秀传统文化、革命文化、社会主义先进文化教育。

15. 如何成为不信谣不传谣的智者？

首先，加强学习和阅读，提高自身的综合素质和道德品行。

通过学习和阅读，从科学常识和自然常理的角度去看待，很多谣言都不难分辨。提高综合素质，即自身的文化知识水平、科学认知态度、分析判断能力和法律意识。

此处的道德品行内容比较广泛，包括个人的价值取向、对真善美假恶丑的认知与界定，以及对国家、民族、社会、他人、法律和公共道德的负责任言行等。倘若一个人具备了高尚的道德品行，他在看穿看透谣言的基础上一定不会继续传播谣言，而是会自觉中止谣言的传播流通。

其次，考察消息来源的可靠性。

消息来源一般可分为三类：一是官方机构的微信公众号和官方网站，如世界卫生组织、中国政府、权威的新闻机构，这些机构的消息发布都经过反复审核，一般比较可信；二是各大知名公司、社团等，有一定的可信度；三是各种微信群中流传的不注明来源的消息，以及各类无出处的图片、视频、音频等，这些一般来说并不可靠。

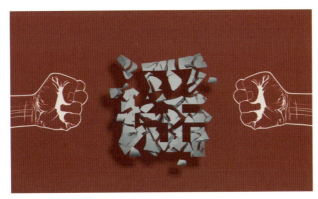

当代青年应做谣言的粉碎者

16. 什么是邪教？

邪教是指冒用宗教或其他名义建立的对国家、社会、家庭和个人正常的生产生活秩序和生命财产安全都有着极为严重危害的组织；是指在吸收成员或思想灌输的过程中使用强制性说服手段，破坏或严重损害信徒人格的组织；是指所有那些使信徒同其正常的社会环境的感情联系和交流渠道遭到完全或严重破坏的组织；是指所有那些在其活动中破坏和践踏了法律权利的组织。

第四节　社会安全

17. 什么是社会安全？

社会安全包括社会治安、社会舆情、公共卫生等方面，是社会和谐稳定的基础。

如今，我们面临重大疫情、群体性事件、暴力恐怖活动、新型违法犯罪等威胁。

维护社会安全必须健全法制，完善体制机制，提升应对重大新发、突发传染病等社会公共安全事件的能力。

18. 社会安全面临哪些威胁？

（1）社会群体性事件时发，如非正当维权事件、泄愤事件、骚乱事件。

（2）暴力恐怖活动事件时发，如内部反动势力事件、外部敌对势力事件。

（3）境外势力渗透破坏日益严重，如非法宗教渗透、互联网煽动、文化渗透。

（4）新型违法犯罪方式多样，如电信诈骗、网络诈骗。

（5）社会舆情复杂，如舆情炒作、同情效应、谣言冲击。

19. 如何维护社会安全？

（1）健全社会安全法制体制机制：维护社会安全的原则、任务、方式与手段。

（2）提升应对社会安全事件能力：加强专业队伍建设，加强基层群众动员组织能力，加强自然灾害、重大疫情等社会安全事件应对能力教育。

（3）预防和妥善处置群体性事件：建立社会安全预警体系。

（4）加强反暴力反恐怖斗争：加强反恐专业队伍建设，加强暴力事件防控，加强跨境防控合作。

（5）加强社会舆情引导管控：掌握舆情传播动态，监控舆情传播途径。

（6）防范外来有害因素侵入：建立信息防控机制，依法加强海关把控、边境安全和出入境管理。

第五节 科技安全

20. 为何高校学生容易受到境外间谍的青睐？

一方面，大学生在高校里接触到的经济、技术、材料等领域的资料或参与的课题、项目，对境外间谍来说有情报价值。

另一方面，大学生安全防范意识不强，社会经验不足，经常活跃在网络和社交平台，言语之间很容易暴露自己的身份和学习生活情况等。有的大学生往往还需要寻找一些经济来源以支持学业。

21. 境外间谍情报机关如何实施勾连策反？

境外间谍情报机关一般利用做兼职、发调查问卷之类的名目，以丰厚的酬金为诱饵，吸引学生为其搜集、窃取情报。

学生"上钩"后如果想退出，境外间谍就会采取威胁、讹诈等手段逼迫学生继续为他们效力。

此外，境外间谍还可能介入大学生的求职过程，支持、鼓励其报考涉密的单位，企图将学生发展成为安插在我党政军的"潜伏间谍"。

提防招聘中的境外间谍

22. 如何预防落入间谍的陷阱？

首先，要有防范间谍的基本意识和爱国意识。不能认为现在是和平时期，这个世界上就没有间谍，间谍离我们很远。要树立国家安全高于一切的观念，克服麻痹思想，提高识别能力，在与境外人员接触时严守国家秘密。

其次，不要贪便宜，交友须谨慎。对于急功近利、不安于脚踏实地的工作或不劳而获的"成功"等"天上掉馅饼"的好事，要三思而后行。到国外学习、旅游前，应了解、掌握国家安全知识，提高安全防范意识，自觉维护国家安全，坚决抵制境外间谍情报机关及敌对势力的策反、拉拢、威胁、利诱等活动。

最后，要注意上网安全。网络时代的间谍在选择策反对象时一般都是"普遍撒网、重点捕鱼"。他们会在网上广泛搜集公开的信息，并对这些信息进行分析研判。比如，一些境外间谍会在论坛上故意发布错误的信息，如部队的番号、装备的性能、武器的参数等，引诱某些真正知情、表现欲又强的网友回帖反驳，从而拿到正确的情报。

特别要提醒的是，反奸防谍，人人有责。大学生一旦发现间谍行为，应及时主动地向国家安全机关举报。

第六节　网络安全

23. 什么是网络安全?

网络安全包括网络基础设施、网络运行、网络服务、信息安全等方面,是保障和促进信息社会健康发展的基础。

如今,我们面临网络基础设施安全隐患和网络犯罪等威胁。

维护网络安全必须践行"没有网络安全就没有国家安全,没有信息化就没有现代化"的理念,强化依法治网、技术创新、国际合作等,树立网络空间主权意识。

24. 设立国家网络安全宣传周的意义是什么?

国家网络安全宣传周是每年9月第三周,以"共建网络安全,共享网络文明"为主题,围绕金融、电信、电子政务、电子商务等重点领域和行业网络安全问题,针对社会公众关注的热点问题,举办网络安全体验展等系列主题宣传活动,营造网络安全人人有责、人人参与的良好氛围。

25. 网络安全面临哪些威胁?

(1)网络信息影响民众意识形态和价值取向:不良不实网络信息误导民众价值取向风险凸显,网络意识形态安全问题凸显。民众的网络安全意识薄弱,应对网络安全风险能力亟待提升,网络舆情事件呈现高发态势。

(2)关键基础设施面临的安全隐患增大:关键基础设施的低国产化和产品应用现状加大了隐患风险,针对国家关键信息基础设施攻击的威胁增大。

(3)网络犯罪呈现高发态势:网络违法犯罪造成重大危害,网络窃密高发,后果严重。

26. 如何维护网络安全?

(1)依法治网:全面推进网络空间法治化,加强网络安全信息收集、分析、通报和应急处置，建立监测预警与应急处置制度，建立网络安全审查制度。

（2）网络管理：采取监测、记录网络运行状态和网络安全事件的技术措施，采取数据分类、重要数据备份和加密等措施。

（3）技术支持：技术创新，确保安全技术领先，加强保护国家关键信息基础设施的安全。

（4）宣传培训：建立维护国家网络主权的思维，加强社会网络安全意识的教育。

（5）国际合作：网络空间治理，网络技术研发和标准制定，打击网络违法犯罪。

27. 防病毒技术包括哪些方面？

（1）病毒的检测：查毒，并可自动报警和拦截。

（2）病毒的清除：杀毒，清除力求干净彻底、不伤害网络。

（3）网络的修复：依据相关线索抢救丢失的数据，使网络恢复正常工作。

（4）病毒的预防：利用软件补丁不断弥补网络漏洞，同时对杀毒软件及时升级换代，使其保持足够的"杀伤力"。

28. 常见的网络攻击手段有哪些？

常见的网络攻击手段包括网络扫描、密码破译、口令攻击、拒绝服务、缓冲区溢出攻击、病毒攻击、特洛伊木马攻击、逻辑炸弹攻击、网络欺骗攻击等。

第七节　生态安全

29. 什么是碳中和？

　　碳中和的英文是 Carbon Neutral，是指企业、团体或个人测算在一定时间内直接或间接产生的温室气体排放总量，通过植树造林、节能减排等形式，以抵消自身产生的二氧化碳排放量，实现二氧化碳"零排放"。

　　值得注意的是，这里的"零排放"绝不等于"不排放"，简单来说就是人为碳排放≤人为碳移除。

碳中和

30. 为何要实现碳中和？

　　全球变暖是人类的行为造成地球气候变化的后果。"碳"就是石油、煤炭、木材等由碳元素构成的自然资源。"碳"耗用得越多，导致地球暖化的元凶二氧化碳也制造得越多。随着人类的活动，全球变暖也在改变甚至影响着人们的生活方式，带来越来越多的问题。

　　近年来，中国及世界各地自然灾害频发，其主要原因之一就是人类过多地使用化石（碳）能源。城市是二氧化碳的高排放地区，减少二氧化碳排放，建设"低碳城市"是大城市的发展方向。

　　作为一种新型环保形式，碳中和目前已被越来越多的大型活动和会议采用。碳中和能够推动绿色的生活、生产，实现全社会绿色发展。

31. 什么是碳达峰？

我国承诺 2030 年碳排放达到峰值，之后排放净值逐步降低，这就是碳达峰。

32. 发布碳补偿标识的意义是什么？

2008 年 12 月，中国首个官方碳补偿标识——中国绿色碳基金碳补偿标识发布。如果公众愿意加入"消除碳足迹，参与碳补偿，积极应对气候变化"活动，自愿捐资到中国绿色碳基金开展"植树造林吸收二氧化碳"的活动，就可获得碳补偿标识。

碳补偿标识由国家林业和草原局气候办设计注册，是中国绿色碳基金捐资人实践低碳生活的一种证明。该标识是一个紧紧抱着二氧化碳的卡通树图案，上面写着"植树造林吸收二氧化碳"，下面写着"参与碳补偿消除碳足迹"。获得这个标识表明捐资人消除了个人排放的部分或全部二氧化碳。

碳补偿标识

第八节　资源安全

33. 什么是资源？

资源是指一国或一定地区内拥有的物力、财力、人力等各种物质要素的总称。

资源分为自然资源和社会资源两大类。前者包括阳光、空气、水、土地、森林、草原、动物、矿藏等，后者包括人力资源、信息资源及经过劳动创造的各种物质财富。

34. 什么是自然资源、一般可再生资源、特殊再生资源、不可再生资源？

自然资源是指自然界中能被人类用于生产和生活的物质和能源的总称，如水资源、土地资源、矿产资源、森林资源、野生动物资源、气候资源和海洋资源等。

一般可再生资源是指那些经过使用、消耗、加工、燃烧、废弃等程序后，仍能在一定周期（可预见）内重复形成的，具有自我更新、自我复原的特性并且可持续被利用的一类自然资源或非自然资源，如土壤、太阳能、风能、水能、植物、动物、微生物、地热、潮汐能、沼气等和各种自然生物群落、森林、湿地、草原、水生生物等。

特殊再生资源是利用一定的时间、空间段提供特殊服务功能，如风景名胜、保护资源、道场、旅游、调养身心等多种功能的场，是一种利用多种资源又可以补给其他资源的资源。

不可再生资源是指人类开发利用后，在相当长的时间内不可能再生的自然资源，主要指自然界的各种矿物、岩石和化石燃料，如泥炭、煤、石油、天然气、金属矿产、非金属矿产等。

35. 可再生资源的数量是无限的吗？它与不可再生资源是什么关系？

在一定的时间与空间尺度内，可再生资源的数量也是有限的。也就是说，可再生资源并非"取之不尽，用之不竭"的资源，它是一个动态的概念。

只有在控制了量的情况下，权衡了开采量及该资源的再形成速率的条件下，使开发利用速率小于其再形成速率，可再生资源才是"取之不尽，用之不竭"的。

如果不注意保护、任意取用，可再生资源也有可能变成不可再生资源。经粗略测算，400年间，生物生活的环境面积缩小了90%，物种减少了一半，其中热带雨林被砍伐对物种损失造成的影响更为严重。无论是不可再生资源还是可再生资源，我们都应该注意保护和合理利用。

36. 什么是太阳能？

太阳能是太阳内部氢原子核聚变所释放出的巨大辐射能量。

太阳能

太阳能的利用有光热转换（被动式利用）、光化学转换和光电转换三种方式，是一种使可再生能源被利用的新兴方式。

37. 什么是核能？

核能（或称原子能）是通过转化其质量从原子核释放的能量。

核能通过三种核反应释放：核裂变、核聚变和核衰变。

38. 什么是地热能？

地热能是由地壳抽取的天然热能，来自地球内部的熔岩，并以热力形式存在，是导致火山喷发及地震的能量。

地热能

地球内部的温度高达 7000℃，而在 80～100 公里的深度处，温度会降至 650℃～1200℃。透过地下水的流动和熔岩涌至离地面 1～5 公里的地壳，热量得以被传送至较接近地面的地方。高温的熔岩将附近的地下水加热，这些加热的水最终会渗出地面。

39. 水资源是否可再生？

水资源由于水循环的存在具有一定的可再生性，但再生周期普遍较长。比如，浅层水补给容易，具有较好的年内调节和多年调节作用，但深层水补给较难，无节制地大量集中开采就会导致出现枯竭现象，使水位持续下降，引发一系列问题。

从广义的角度看，水资源分为海水、江河湖水、大气水、地下水等；从狭义的角度看，水资源专指能满足人类生存发展需要的淡水。

水资源是否可再生应视情况而定。对世界上许多国家来说，水资源短缺已成为制约经济发展和人们生产生活的重要因素。水资源的不合理利用和工业污染是其主要原因。所以，从人类生存发展需要的角度来说，水资源是不可再生的，特别是用于生产生活的淡水资源。

40. 什么是风能？

风能资源是因风力做功而提供给人类的一种可利用的能量资源，风具有的动能称为风能。

风能

风速越快，动能越大。风力发电就是应用风能的一个典型例子，在西北一些风力较大及人烟稀少的地方建有大型的风力发电站。风能本身环保、低碳，但地域限制较大，如何利用好风能一直是我们需要探讨的课题。

风能可为温室气体减排带来巨大的潜力。

41. 什么是生物质能？

生物质能是指通过绿色植物的光合作用而形成的各种有机体，包括所有动植物和微生物。

生物质能

生物质能是太阳能以化学能形式贮存在生物中的能量形式，也就是以生物质为载体的能量。它直接或间接地来源于绿色植物的光合作用,可转化为常规的固态、液态和气态燃料,取之不尽,用之不竭,是一种可再生能源。

生物质能的原始能量来源于太阳,所以从广义上说,生物质能是太阳能的一种表现形式。

42. 适合能源利用的生物质可分为哪几类?

依据来源的不同,适合能源利用的生物质可分为林业资源、农业资源、生活污水和工业有机废水、城市固体废物及畜禽粪便五大类。

43. 什么是海洋能? 它有哪些特点?

海洋能是海水运动过程中产生的可再生能源,主要包括温差能、潮汐能、波浪能、潮流能、海流能、盐差能等。除了潮汐能和潮流能源自月球、太阳和其他星球引力外,其他海洋能均源自太阳辐射。

海洋能的特点体现在:(1)海洋能在海洋总水体中的蕴藏量巨大,而单位体积、单位面积、单位长度所拥有的能量较小,也就是说要想得到大能量,就得从大量的海水中获得;(2)海洋能具有可再生性,因为海洋能来源于太阳辐射能与天体间的万有引力,只要太阳、月球等天体与地球共存,这种能源就会再生,就会取之不尽、用之不竭;(3)海洋能有较稳定与不稳定能源之分,较稳定的有温差能、盐差能和海流能,不稳定但变化有规律的有潮汐能与潮流能,既不稳定又无规律的是波浪能。

44. 什么是潮汐能?

潮汐能是以势能形态出现的海洋能,是指水潮涨和潮落形成的水的势能与动能。世界上潮汐能最大的地方是加拿大的芬地湾。

人们根据潮汐潮流变化规律,编制出各地逐日逐时的潮汐与潮流预报,预测未来各个时间的潮汐大小与潮流强弱。潮汐电站与潮流电站可根据预报表安排发电运行。

45. 什么是海流能？

海流，即大规模常年稳定地沿着一定方向流动的海水，也叫洋流。世界上最大的海流是墨西哥湾暖流。

海流能是指海水流动的动能。

46. 什么是波浪能？

波浪能是指海洋表面波浪所具有的动能和势能，是由风把能量传递给海洋而产生的，它实质上是吸收了风能所形成的。

47. 什么是温差能？

温差能是指海洋表层海水和深层海水之间的温差储存的热能，利用这种热能可以实现热力循环并发电。

48. 什么是盐差能？

盐差能是指海水和淡水之间或两种含盐浓度不同的海水之间的化学电位差能，是以化学能形态出现的海洋能。这种能量广泛分布于陆地江河入海处，可转换成电能。

49. 什么是光能？

光能是由太阳、蜡烛等发光物体所释放出的一种能量形式，是一种可再生能源。

物质的颜色越深，光能的热转换效率就越高；自然光强度越大，物质的光能转换值也就越大。

50. 什么是可燃冰？

天然气水合物又称可燃冰，是分布于深海沉积物或陆域的永久冻土中，由天然气与水在高压低温条件下形成的类冰状的结晶物质。可燃冰外观像冰一样，而且遇火即可燃烧。

可燃冰

　　世界各国都已认识到可燃冰是代替石油、天然气的一种重要能源，但目前还在研究中，暂时不可大范围使用。

51. 细菌发电的原理是什么？

　　细菌发电，即利用细菌的能量发电，主要用于建发电站、制造电池、制造氢气等。其原理是让细菌在电池组里分解分子，从而释放出电子向阳极运动产生电能。在细菌发电期间，还要往电池里不断充入空气，用以搅拌细菌培养液和氧化物质的混合物。

第九节　核安全

52. 什么是核辐射？

核辐射是放射性物质以波或微粒形式发射出的一种能量，主要指 α、β、γ 三种射线。

宇宙、自然界中能产生放射性的物质虽然不少，但危害都不太大，只有核爆炸或核电站事故泄漏的放射性物质才能大范围地造成人员伤亡。

53. 什么是核与辐射事故？

核与辐射事故是指在核设施或核活动中发生了偏离正常状态的意外情况，放射性物质释放可能或已经失去应有的控制，达到不可接受的水平。

54. 天然辐射、人工辐射的主要来源是什么？

天然辐射的来源包括宇宙射线、陆地辐射源和体内放射性物质。

人工辐射的来源包括放射性诊断和放射性治疗辐射源，如 X 光、核磁共振、放射性药物、放射性废物、核武器爆炸落下的灰尘，以及核反应堆和加速器产生的照射等。

55. 核与辐射事故的主要伤害途径是什么？

核与辐射事故的主要伤害途径包括体外照射、体内照射、皮肤沾染。其中，体外照射是指辐射源对人体的照射，体内照射是指进入人体内的放射性核素作为辐射源对人体的照射。

56. 辐射防护三原则是什么？

辐射防护三原则，即实践的正当性、防护水平的最优化、个人受照射的剂量限值。

57. 如何预防核辐射?

（1）一旦核反应堆的安全壳出现破损，应尽量把释放的污染物控制在厂区内，同时控制地下水水源和土壤。放射性物质和灰尘避免碰到一起，否则会随着流动的空气扩散。

（2）核电站平时也会向周围居民发放应急物品，如碘制剂，一旦发生核泄漏应立即服用。

（3）尽量留在室内，避免外出。如果一定要出门，应用湿毛巾捂住口鼻，并尽量减少裸露的皮肤和空气接触。

（4）如果核电站发生泄漏，附近居民首先应该撤离，距离防护是第一位的。

58. α、β、γ射线的主要防护方法是什么?

由于α射线穿透能力最弱而电离能力最强，一张白纸就能把它挡住，因此对于α射线应注意内照射。其进入体内的主要途径是呼吸和进食，防护方法主要有：（1）防止吸入被污染的空气和食入被污染的食物；（2）防止伤口被污染。

β射线穿透能力比α射线强，比γ射线弱，因此用一般的金属就可以阻挡β射线。但β射线容易被表层组织吸收，引起组织表层的辐射损伤。其防护方法主要有：（1）避免直接接触被污染的物品，以防皮肤表面的污染和辐射危害；（2）防止吸入被污染的空气和食入被污染的食物；（3）防止伤口被污染；（4）必要时应采取屏蔽措施。

γ射线穿透能力最强而电离能力最弱，可以造成外照射，其防护方法主要有：（1）尽可能减少受照射的时间；（2）增大与辐射源的距离，因为受照剂量与离开源的距离的平方成反比；（3）采取屏蔽措施。

59. 哪些果蔬能帮助人体提高抗辐射能力?

（1）番茄红素：番茄红素不仅具备卓越的抗辐射能力，而且抗氧化能力极强。番茄红素广泛存在于杏、番石榴、西瓜、番木瓜、红葡萄、西红柿等水果及蔬菜中。此外，番茄红素是脂溶性维生素，必须用油炒过才能被人体吸收。

（2）螺旋藻食品：螺旋藻可促进骨髓细胞的造血功能，增强骨髓细胞的增殖活力，促进血清蛋白的生物合成，从而提高人体的免疫力。因此，要多吃海带、螺旋藻等具有明显的抗辐射作用的食品。

（3）花粉食品：花粉食品作为一种新型的营养保健品风靡全球，被称为"完全营养食品"，在营养食品中名列前茅，具有抗辐射效果。

（4）银杏叶制品：银杏叶提取物中的多元酚类对防止和减少辐射有奇效，在核辐射环境中的工作人员经常服用银杏叶茶，能提高白细胞，保护造血机能。

60. 核与辐射事故按事故源可分为哪些？

（1）核反应堆事故。

（2）核燃料循环设施事故。

（3）核燃料或放射性废物管理设施事故。

（4）核燃料或放射性废物运输和贮存事故。

（5）用于农业、工业、医学和有关科研目的的放射性同位素的生产、使用、贮存、处理和运输事故。

（6）用放射性同位素作空间物体动力源的事故。

（7）武器库事故。

61. 核与辐射事故按放射性物质释放速度可分为哪些？

（1）一类事故：尚未导致放射性物质逸出的事故。

（2）二类事故至四类事故：在发生有害变化的情况下，放射性物质均有不同释放量。四类事故释放量最高。

62. 导致核与辐射事故的主要因素和特点有哪些？

导致核与辐射事故的主要因素包括：（1）设备故障；（2）人为失误；

（3）贮存与运输意外；（4）放射性同位素管理不当。

　　主要特点体现在：（1）事故发生突然；（2）造成人员伤害大；（3）造成环境污染严重；（4）事故处置复杂；（5）造成心理影响大。

63. 核与辐射事故应急中的紧急防护措施是什么？

　　核与辐射事故从突发事件开始，可能延续几小时到几天的时间。

　　紧急防护措施除了撤离、隐蔽和服用稳定碘之外，还包括出入通道的控制、临时准备的呼吸道防护、淋浴或洗澡，以及更换衣服、使用个人防护服。

64. 核与辐射事故应急中如何隐蔽撤离？

　　隐蔽，即留在或进入住房或其他建筑物内，关闭门窗。为减少从户外空气中吸入放射性物质，还应关闭任何通风系统。居民在户内隐蔽的时间应有合理的限制。国际上认为隐蔽的时间最长不能超过两天。

　　撤离，即人员从他们的住所或者工作休息场所紧急撤出一段时间，以避免由事故引起的短期照射。在放射性物质明显释放前采取预防性撤离是避免辐射照射最有效的方法。撤离后可安排在学校和其他公共建筑物内。如果撤离的持续时间明确要大于一周，则应临时迁避到更好的设施内。

65. 核与辐射事故应急中服用稳定碘有哪些注意事项？

　　服用稳定碘，可通过同位素稀释作用直接影响甲状腺的代谢，减少到达甲状腺的放射性碘的数量。

　　在摄入放射性物质前就应服用稳定碘。如果吸入后 12 小时才服用，对剂量的减少几乎没有作用。因此，在放射性物质释放前就应把稳定碘分发下去。

第十节　海外利益安全

66. 出国前主要有哪些注意事项？

（1）掌握目的地国中国使领馆的联系方式。

第一，登录外交部网站（http://www.fmprc.gov.cn/）和中国领事服务网 (http://cs.mfa.gov.cn/)，查询并保存旅行目的地国中国使领馆的联系方式，以及相关旅行提醒和警告等海外安全信息。

第二，若目的地国与我国无外交关系，则保存中国驻其周边国家使领馆的电话，以便就近求助。

第三，记录外交部全球领事保护与服务应急呼叫中心热线号码 +8610-12308。

（2）保证护照在有效期内。

（3）办妥目的地国和经停国家的过境签证。

（4）核对机（车、船）票。

（5）了解目的地国的信息和入境限制。

全面收集目的地国的风俗禁忌、气候条件、治安状况、流行疫病、入境限制、法律法规等信息，并采取相应预防措施。

（6）购买必要的保险。

国外医药等费用普遍较高，建议根据自身经济条件，购买人身安全和医疗等方面的必要险种，以防万一。

（7）注意体检和防疫。

出国前最好进行全面体检，并根据目的地国要求和情况进行必要的预防接种，随身携带接种证明（俗称"黄皮书"）。

（8）慎重携带个人药品。

许多国家对药品入境有严格规定，为减少麻烦，出国前应了解目的地国的海关规定，在允许的范围内选择所携药品的品种和数量。如因治疗自身疾病必须携带某些药品时，应请医生开具处方，并备齐药品的外文说明书和购药发票。

（9）避免携带违禁物品。

注意目的地国海关在食品、动植物制品、外汇等方面的入境限制。切勿携带毒品、国际禁运物品、受保护动植物制品及目的地国禁止携带的其他物品等出入境。切勿为陌生人携带行李或物品。如携带大额现金，必须按规定向海关申报。

（10）留下应急联系方式。

第一，出国前给家人或朋友留下一份出行计划日程，约定好联络方式。

第二，在护照"应急资料"页内详细写明家人或朋友的地址、电话号码，以便出现紧急情况时有关部门能够及时与他们取得联系。

第三，将护照、签证、身份证各复印两份，一份留在家中，一份随身携带。

第四，准备几张护照相片，以备不时之需。

67. 在国外主要有哪些安全防范事项？

（1）视情况进行公民登记。

如需在国外停留较长时间或所在国局势不稳，可在中国驻当地使领馆或通过中国领事服务网的"出国及海外中国公民自愿登记"（http://ocnr.mfa.gov.cn/expa/）进行公民登记，以便出现紧急情况时使领馆能够及时与你取得联系。

（2）看清读懂文件内容，谨慎签字。

当入境一国遭遇特殊审查时，如不懂当地语言，切忌随意点头应允或在文件上签字。如被要求在文件上签字，应请对方提供中文版本；如无中文版本，应确保对文件内容理解无误后再做决定。

（3）管好财物，防盗防抢防诈。

第一，不要轻易给陌生人开门。

第二，出门尽量不要随身携带贵重物品或大量现金，也不要在居住地存放大量现金。

第三，如乘坐公共交通工具，事先准备好零钱。

第四，不要在黑暗处招呼出租车。

第五，不要将文件、钱包、护照等重要物品放在易被利器划开的塑料袋中。

第六，不要和陌生人一起行走。

第七，不要在公共场所参与他人的争吵。

第八，不要在街上捡拾遗落物品，以防被敲诈。

第九，最好在白天人多处使用自动取款机，取款时最好有朋友在身边。

第十，上街行走应走人行道，避免靠机动车道太近。遭遇飞车抢劫时不要生拉硬扯，避免伤害自己。

（4）和家人保持联系。

出行期间要和家人或朋友保持联系，及时向家人更新自己在外旅行的日程、联络方式。

（5）遵守当地的交通规则。

（6）减少夜行和深夜独行。

（7）慎对生人。

不随意搭陌生人便车。回避大街上主动为你服务的陌生人，不饮用陌生人向你提供的食物、饮料。

（8）安全驾车。

第一，自驾出行时要高度重视交通安全，行前细致检查车况，了解路况，设计好行车路线，备好地图、备胎等应急装备。

第二，在实行左侧通行规则的国家，超车和并线时要特别注意。

第三，在身体不适时尽量不要开车，酒后禁止开车。

第四，夜晚停车应选择灯光明亮且有很多车辆往来的地方。

第五，走近停靠的汽车前，应环顾四周观察是否有人藏匿，提早将车钥匙准备好，并在上车前检查车内情况，如无异常，快速上车。

第六，不要在车内明处摆放贵重物品。如车胎被扎，修车时务必要先锁好车门。

第七，不要轻易让陌生人搭车。

第八，上车后记得锁上车门，系上安全带。

（9）妥防勒索。

如遇审察，应查看默记其证件号、警徽号、警车号等信息。如遭遇警察借检查之机敲诈勒索，应尽量明确证人，事后及时向当地政府主管部门和中国驻当地使领馆反映。

（10）结伴出行。

最好结伴外出游玩、购物，赴外地、外出游泳、夜间行走、海中钓鱼、戏水时尤其要注意结伴而行。

（11）与众同坐。

第一，乘坐公共交通工具时，尽量和众人或保安坐在一起，或坐在靠近司机的地方。

第二，不要独自坐在空旷的车厢内，也尽量不要坐在车后门人少的位置。

第三，尽量避免在偏僻的汽车站下车或候车。

（12）严格按期出境。

（13）遇事及时求助。

在遭遇突发情况时，要第一时间联系中国驻该国使领馆寻求帮助。熟记当地火警、急救、警察等应急电话。如人身安全或财产受到侵害，应立即向当地警方报案，并请其出具报警证明，以便日后办理保险理赔、证件补发等手续。

68. 海外文明旅行主要有哪些注意事项？

（1）遵守所在国的法律规定，尊重当地风俗习惯和宗教信仰。

（2）遵守公共秩序，不在公共场所大声喧哗。就餐、乘船、乘车时注意排队，不要插队。

（3）注意自身形象，保持衣着得体。

（4）注重公共卫生，不随地吐痰，不在禁止吸烟的场所吸烟。在某些国家，还不能在公共场所饮酒。

（5）不在景区刻画，不在禁止照相的地方照相，对当地人信奉的神明或珍贵文物等保持尊重。

（6）节约用水用电。如吃自助餐时一次取食不要太多，吃完后再适量取用。

（7）拒绝参与色情、赌博活动，拒绝吸食毒品。

（8）不损坏公共设施，不踩踏绿地，不摘折花木和果实。

69. 在境外如何做好自身安全防范？

（1）时刻关注中国领事服务网、外交部 12308 及商务部"走出去"平台发布的风险预警信息，对于提示暂勿前往、谨慎前往的国家或地区，应尽量避免前往。

（2）在遭遇突发情况时，要第一时间联系中国驻该国使领馆寻求帮助。

（3）关注官方和各安保公司发布的防恐手册等内容，学习如何应对包括恐怖袭击、绑架勒索在内的各类安全事件，从而保护好自身安全。

第十一节　新型领域安全

70. 太空安全面临哪些威胁？

（1）开发外层空间面临的技术挑战。

（2）太空开发经营面临的安全问题。

（3）频轨资源短缺、太空碎片增加对人类活动造成的阻碍。

71. 深海安全面临哪些威胁？

（1）开发深海区域面临的技术挑战。

（2）探索深海面临的未知风险。

72. 极地安全面临哪些威胁？

（1）保护利用极地区域面临的技术挑战。

（2）探索极地存在的巨大的未知危险。

73. 生物安全面临哪些威胁？

（1）重大新发突发传染病、动植物疫情对人类健康的危害。

（2）生物因素对生态环境的危害。

（3）生物因素对经济社会发展的危害。

（4）生物因素对国家利益的危害。

74. 新型领域安全涉及的国际公约主要有哪些？

太空、深海和极地都是"全人类共同的财产"，没有任何国家可以专门拥有它们。

我国严格遵守《外层空间条约》《联合国海洋法公约》《南极条约》等国际公约，按照相关规定，在太空、深海和极地开展科学考察、资源勘探和开发利用，了解和利用这些资源，提高对上述领域的科学认知水平，服务于全人类的共同利益。

75. 什么是生物事件？

生物事件（生物突发事件），指因为微生物及其产物（毒素、遗传物质等）所引发的危害人员和环境的突发事件，其原因可以是自然状况、意外事故，也可能是人为蓄意制造。

76. 生物事件的防护方法有哪些？

生物事件的防护方法有物理防护、免疫防护和药物防护。

其中，物理防护是通过适当的防护用品和装备，达到避免吸入、食入和通过皮肤黏膜感染致病微生物的目的，药物防护主要是服用抗生素类药物。

77. 生物危害源侵入人体有哪些途径？

生物危害源一般通过消化道、皮肤及呼吸道三条途径侵入人体。

误食（饮）：被生物危害源污染的水源、食物等可经消化道侵入人体。

皮肤接触：生物危害源可直接经皮肤、黏膜、伤口或昆虫叮咬侵入人体。

吸入：生物危害源气溶胶通过呼吸道侵入人体。

第二章

自然灾害及事故应急安全常识

第一节　气象灾害

78. 气象预警信号主要有哪些？

目前，突发气象灾害预警信号主要有台风、暴雨、暴雪、寒潮、大风、高温、雷电、霜冻、大雾、霾等。

79. 如何划分气象预警信号级别？

气象预警信号由名称、图标、标准和防御指南组成，级别依据气象灾害可能造成的危害程度、紧急程度和发展态势一般划分为四级，即Ⅳ级（一般）、Ⅲ级（较重）、Ⅱ级（严重）、Ⅰ级（特别严重），依次用蓝色、黄色、橙色和红色表示，同时以中英文标识。

80. 台风来临时如何做好避险措施？

（1）将阳台物品收进室内，以防高空坠物。

（2）小心关好窗户，可在窗玻璃上用胶布贴成"米"字形，以防窗玻璃破碎。

（3）室内如有进水，应切断总电源，防止触电。

（4）在户外时绕开道路积水行走。

（5）不要在临时建筑物、广告牌、铁塔、大树等附近避风避雨。

81. 什么是跨步电压？

跨步电压是指当电气设备或电力系统与地发生短路时，以电流入地点为中心的周围地面上的人、牲畜两脚之间的电压。距电流入地点越近，跨步电压就越高。高压电气设备与地发生短路时，如果人或牲畜站在距离电流入地点 8～10 米以内，就可能发生触电事故，这种触电叫作跨步电压触电。

人受到较高的跨步电压作用时，双脚抽筋，身体倒地，作用于身体上的电流增加，也改变了电流经过人体的路径，且完全可能流经人体重要器官，如从头到手或脚。人倒地后，电流在体内持续作用 2 秒钟就可能致命。

82. 如何防止在户外遭到雷击？

（1）不要站在大树下，不能用手摸、扶大树。

（2）在空旷地不要拨打和接听电话，关闭手机。

（3）在空旷地不要使自己成为尖端，尽量降低自身高度。

（4）在山区时，要迅速离开山顶或高的地方，找一个低洼处，双脚并拢蹲下。

（5）在山洞内避雨时，不要触及洞壁岩石。

（6）不要在水边和洼地停留，切勿站在楼顶、山顶或接近其他易导电的物体，应迅速到干燥的室内避雨，或就近到山间、山岩下避雨。

（7）感到头发竖起、皮肤有发麻或刺痛感，则可能即将要遭受雷击，这时应立即下蹲抱膝，并尽量减少与地面接触的面积。

（8）若雷击导致呼吸、心跳停止，应立即实施心肺复苏。

83. 寒潮天有哪些注意事项？

（1）注意添衣保暖，做好防风防寒准备。

（2）上下学路上要看清车辆和行人，小心行走，不要闷头行走。

（3）尽量搭乘地铁、公交、小轿车等交通工具，尽可能不骑车，避免手麻引起交通事故。

84. 道路结冰时如何行走？

（1）外出穿上防滑鞋，做好保暖措施，耳朵、手、脚等容易冻伤的部位尽量不裸露在外。

（2）在人行道上行走，远离车行道。

（3）遇到结冰的地方慢行，以防滑倒。

（4）走路时用手臂保持身体平衡，不要双手插在口袋里。

（5）学习企鹅走路 ，即放慢脚步，两脚分开至与肩膀同样宽度，摇摆着小步走，这样能够把身体重心保持在前腿上，以防摔倒。

（6）不要在结冰的河面、路面上玩耍、溜冰。

冰雪天防摔走路姿势

85. 如何预防雪盲？

（1）佩戴防雪盲护目镜。

（2）紧急情况下，可用一块黑布、纸片等遮住眼睛。

（3）平时适当补充维生素 A、维生素 B 族、维生素 C 和维生素 E 等。

86. 冰雪天摔倒后如何处理？

（1）缩团滚：双手护住头面部，缩成团，顺着力量向前、向后、向左或向右滚。用身体整个侧面来着地，增加受力面积，减轻摔伤的程度，尽量不要用手直接支撑地面。

（2）顺势滑：双手收回或平伸，顺着力量向前滑。

（3）摔倒后，不要贸然爬起来，要对四肢和关节进行自我检查，看看主要关节能不能活动；如果感觉肢体特别疼痛，而且有反常活动，说明有发生骨折的可能。

（4）摔伤后不要揉捏患处。在没有外伤的情况下可先进行冰敷，减缓肿胀现象，72 小时后可进行热敷；若出现明显外伤，应立即到医院就诊。

87. 暴雨天有哪些注意事项？

（1）暴雨天尽量不要外出，必须外出时应尽可能绕过积水严重的路段。

（2）在户外积水中行走时，注意观察，贴近建筑物行走，避让漩涡，防止跌入窨井、地坑等。

（3）在山区旅游时，注意防范山洪，尤其是上游来水突然混浊、水位上涨较快时。

88. 高温天中暑有哪些症状？

中暑者一般会出现胸闷、气短、呼吸不畅、无力等症状。在室内时，要保证空气流通，适当补充水分。在室外时，则应采取以下防晒措施：

（1）长时间在太阳下走路要戴上草帽或太阳镜。

（2）注意休息，合理安排作息时间。

（3）出汗多时要喝些淡盐水。

89. 如何应对中暑？

（1）出现中暑先兆时，立即离开高温环境，在阴凉、通风处安静休息，并补充含盐饮料。

（2）将患者抬到阴凉处或空调供冷的房间平卧休息，解松或脱去其衣服。

（3）用浸透水的毛巾擦拭全身，不断摩擦四肢及皮肤。

（4）如降温处理不能缓解病情，应前往医院救治。

90. 中暑后有哪些注意事项？

（1）人中暑后很虚弱，饮食上应清淡，少吃油腻及不易消化的食物，补充必要的水分、盐、热量、维生素、蛋白质等。

（2）中暑后不要一次大量饮水，应采用少量多次的饮水方法，每次不超过300毫升。

（3）少食生冷瓜果，以防损伤脾胃阳气，避免出现腹泻、腹痛等症状。

91. 什么是沙尘暴?

沙尘暴是指强风将地面尘沙吹起,使空气变得很混浊,水平能见度小于 1000 米的天气现象。

冬春季干旱区降水甚少,地表异常干燥松散,抗风蚀能力很弱,当有大风刮过时,就会将大量沙尘卷入空中,形成沙尘暴天气。

沙尘暴下的城市

92. 如何应对沙尘暴?

(1)及时关闭门窗,必要时可用胶条对门窗进行密封。

(2)外出时要戴口罩,用纱巾、湿毛巾保护眼睛和口鼻,以免沙尘侵害眼睛和呼吸道而造成损伤。

(3)最好穿戴防尘的衣服、手套、面罩、眼镜等物品。

(4)回到房间后应及时清洗面部,如房间内落满灰尘,要及时用湿抹布擦拭清理干净。

(5)不要购买街头露天食品。

(6)应特别注意交通安全。机动车和非机动车应减速慢行,密切注意路况,谨慎驾驶。

(7)妥善安置易受沙尘暴损坏的室外物品。

(8)遇到强沙尘暴天气时不宜出门,不宜骑自行车。

(9)平时要做好防风防沙的各项准备。

（10）可在室内使用空气加湿器。

（11）尘土迷眼时不能揉。一旦出现慢性咳嗽、半咳痰或气短、发作性喘憋及胸痛时，须尽快就诊。

93. 沙尘天气驾车主要有哪些注意事项？

（1）车灯亮起。在能见度低的天气开车，可开启头灯及前后雾灯，必要的时候也可将危险警示灯一并打开。

（2）降低车速，注意行人安全。

（3）空调不要使用外循环。

（4）选择合适的停车位置。风沙特别大时，停车要远离栅栏、施工围挡，不要在广告牌下和树下逗留。

94. 什么是"看不见的沙尘暴"？

"看不见的沙尘暴"主要由颗粒物（如粉尘、雾、降尘、飘尘、痰及排泄物干燥后的可漂浮微粒、细菌、病毒、真菌、化石燃料颗粒、螨虫肢体残骸等）和气体（二氧化硫、三氧化硫、三氧化二硫、一氧化硫、一氧化碳、氧化亚氮、一氧化氮、二氧化氮、三氧化二氮、甲烷、乙烷、含氟气体、含氯气体及各种有机污染物等）组成。

"看不见的沙尘暴"存在于公园、公路等公共活动区域，以及办公室、娱乐健身场所、居住地等室内。

95. 如何应对"看不见的沙尘暴"？

（1）保持室内环境的清洁、干燥，减少室内生存的尘螨、真菌、细菌等的数量。

（2）室内装修尽量选用天然材料，不宜过多使用含有机化学物的材料。

（3）从尘土较大或人群集中的场所归来后应尽快洗鼻，清除鼻腔内各类颗粒和溶于鼻黏液中的有害化学物质及各种细菌、病毒等。

（4）定时洗鼻，如晨起时与晚睡前，保持鼻腔正常的生理环境，为组织的恢复及正常运行提供条件。

96. 何时何地易发生山洪灾害?

位于暴雨中心区的山丘区在暴雨时极易形成具有冲击力的地表径流,导致山洪暴发,形成山洪灾害。

山洪灾害主要受暴雨影响,因此山洪灾害的发生与暴雨的发生在时间上具有一致性。我国的暴雨主要集中在5~9月,因而我国的山洪灾害也主要集中在5~9月,尤其6~8月更是山洪灾害的多发期。

97. 引发山洪灾害的因素有哪些?

短历时强降雨是引发山洪灾害最直接的因素。短历时强降雨汇聚成地表径流,导致溪河水位暴涨,是诱发山洪最常见的原因。

陡峭的地形地势是导致山洪灾害的基础因素。山洪易发区的地形往往山高、坡陡、谷深,河床纵坡降大,流域形状便于水流汇集。

复杂的地质条件是加剧山洪灾害的内部因素。山洪易发区往往地质条件恶劣,风化严重,其土体遇水易软化、易崩塌,会加重山洪灾害。

98. 山洪、泥石流暴发前有哪些预兆?

(1)在降雨达到峰值时,上游降水激烈,泥沙灾害显著,溪沟出现异常洪水。

(2)山地发生山崩或沟岸侵蚀时,山上树木发出沙沙的扰乱声,山体出现异常的山鸣。

(3)上游河道发生堵塞,溪沟内水位急剧降低。

(4)上游来水突然浑浊,水位上涨较快。

(5)在流水突然增大时,溪沟内发出明显不同于机车、风雨、雷电、爆破的声音,可能是由泥石流携带的巨石撞击产生的。

(6)上游发生山崩,出现异常臭味。

(7)有树木的断裂声。

（8）在人还没有察觉出有异常现象时，动物已有异常的行动，如猫的大声嘶叫等。

以上这些山洪、泥石流发生的预兆现象，大多与降水强度有密切的关系。因此，提前做好短时间内的降雨预报工作是极为重要的。

99. 如何关注天气防御山洪？

在春夏季节，要注意收听广播、收看电视，要注意查看防汛、气象部门发到手机上的信息，了解近期是否会有暴雨发生。

日常生活中可掌握一些关于天气变化的民间谚语，如"有雨山戴帽，无雨云拦腰""早霞不出门，晚霞行千里""清早宝塔云，下午雨倾盆""青蛙叫，大雨到"等。

当观察到下面几种天气征兆时，应加强对发生山洪的警惕性。

（1）早晨天气闷热，甚至感到呼吸困难，一般午后会有强降雨发生。

（2）早晨见到远处有宝塔状墨云隆起，一般午后会有强雷雨发生。

（3）多日天气晴朗无云，天气特别炎热，忽见山岭迎风坡上隆起小云团，一般午夜或凌晨会有强雷雨发生。

（4）炎热的夜晚，听到不远处有沉闷的雷声忽东忽西，这一般是暴雨即将来临的征兆。

（5）看到天边有漏斗状云或龙尾巴云，表明天气极不稳定，随时都有雷雨大风来临的可能。

100. 洪水即将来临时该怎么做？

（1）根据当地电视、广播等媒体提供的洪水信息，结合自己所处的位置和条件，冷静地选择路线撤离，避免出现"人未走水先到"的被动局面。

（2）认清路标，明确撤离路线和目的地，避免因惊慌而走错路。

（3）备足速食食品或蒸煮够食用几天的食品，准备足够的饮用水和日用品。

（4）扎制木排、竹排，搜集木盆、木材、大件泡沫塑料等适合漂浮的材料，加工成救生装置以备急需。

（5）将不便携带的贵重物品作防水捆扎后埋入地下或放到高处，票款、首饰等小件贵重物品可缝在衣服内随身携带，保存好尚能使用的通信设备。

101. 洪水到来时如何自救？

（1）洪水到来时，来不及转移的人员要就近迅速向山坡、高地、楼房、避洪台等地转移，或立即爬上屋顶、楼房高层、大树、高墙等高的地方暂避。

（2）如洪水继续上涨，暂避的地方已难自保，则要充分利用准备好的救生器材逃生，或迅速找一些门板、桌椅、木床、大件泡沫塑料等能漂浮的材料扎成筏逃生。

（3）如果已被洪水包围，要设法尽快与当地政府防汛部门取得联系，报告自己的方位和险情，积极寻求救援。

（4）如已被卷入洪水中，一定要尽可能抓住固定的或能漂浮的东西，寻找机会逃生。

（5）发现高压线铁塔倾斜或电线断头下垂时，一定要迅速远避。

（6）千万不要游泳逃生，不可攀爬带电的电线杆、铁塔，也不要爬到泥坯房的屋顶上。

102. 什么是山洪危险区和山洪安全区？

危险区是指受山洪灾害威胁的区域，一旦发生山洪、泥石流、滑坡，将直接造成辖区内人员伤亡及生产生活、设施的破坏。

安全区是指不受山洪、泥石流、滑坡威胁，可安全居住和从事生产活动的区域。安全区一般应选在地势较高、平坦的地方，应避开河道、沟口、低洼地带等。

危险区和安全区不是绝对的，而是在一定防洪标准内和实际情况下的危险与安全。

103. 如何救助被泥石流伤害的人员？

（1）将压埋在泥浆或倒塌建筑物中的伤员救出后，应立即帮助其清除口、鼻、咽喉内的泥土及痰、血等，排除体内的污水。

（2）应使昏迷的伤员平卧，头后仰，将其舌头牵出，保持呼吸道畅通。

（3）如有外伤，应采取止血、包扎、固定等方法，对于严重的外伤伤员，在紧急处理的同时，应尽快护送至医院。

104. 如何做好灾后防疫？

（1）做好房屋、水井、垃圾堆、厕所、池塘及居住地周边环境的灭菌消毒。

（2）做好临时安置点的卫生防疫工作，加强对食堂、水源、厕所的清洁卫生，特别重视食品和饮用水的安全。

（3）加强对灾区的疫情监测与预防，做好灾民的预防注射，提高灾民的免疫能力。

（4）积极做好灾民的治疗护理工作，严重者须及时转送至附近医疗机构。

第二节 地震灾害

105. 避震原则是什么？

避震原则是先躲后撤。震时就地躲避，震后迅速撤离。

地震平息后，快速有序地撤离到安全地带，避开通道掉落的物品，切不可慌乱拥挤，避免踩踏事故发生。

避震原则

106. 地震时的自我保护动作是什么？

地震时的自我保护动作是：跪下，掩护，稳住。尽量蜷曲身体，降低身体重心，抓紧固定物体，保护头部、眼睛，掩住口鼻，利用身边的枕头、坐垫等软物盖住头颈部。

107. 室内如何避震及自我保护？

（1）立即躲进卫生间、厨房和储藏室等狭小空间，也可就近躲避在承重墙内墙根、墙角或坚固稳定的桌子下面，做好避震姿势。

（2）如室外有开阔空间，多层建筑的一楼、二楼和平房内的人在没有坠落物掉落的危险时，可迅速跑到室外。

（3）远离外墙、门窗和阳台，远离不结实的砖砌隔离墙。

（4）避开窗户、镜子，防止天花板坠物。

（5）如果发生地震时正躺在床上，那就保持不动，将身体蜷缩，用手臂或枕头保护头颈部。

108. 室外如何避震及自我保护？

（1）远离变压器、电线杆、路灯、广告牌、吊车、高大的烟囱、水塔、高楼玻璃幕墙、砖瓦和木料堆放处等危险物。

（2）远离狭窄的街道、危旧的房屋及围墙边上、高楼附近、立交桥和过街桥上下等危险场地。

（3）避开地震时容易发生倒塌、坠落物和飞散物（如碎玻璃等）容易落下的场所。

（4）选择开阔地蹲下，不能乱跑或返回室内，避开人多拥挤的地方。

（5）一旦地震停止，要迅速有序地撤离到安全地带，警惕余震再度袭击，防止更大的损失。

109. 在公交车上如何避震及自我保护？

在行驶的公交车上遇到地震时，要抓牢扶手，以免碰伤或摔倒，躲在座位附近，地震停止后再下车。

110. 在火车上如何避震及自我保护？

（1）迅速离开车厢的接合部位、窗口。

（2）保持冷静，并立即牢牢抓住柱子或座位扶手等固定物，以免摔倒或碰伤，同时降低身体重心，蹲在座位附近，用手或衣物等保护好头部，防止行李架上的行李掉落伤人。

（3）等火车停稳后，听从工作人员的指挥有序下车，按指定方向撤离。

111. 地震时如何防止因火车脱轨受伤？

（1）面朝行车方向的人，将胳膊靠在前排的椅垫上，身体倾向通道，两手护住头部。

（2）背朝行车方向的人，双手护住后脑部，抬膝护腹，蜷缩身体，摆出防御姿势。

（3）在通道中的人，要迅速躺下来，双脚朝向行车方向，最好将脚尖蹬住椅子或车内其他固定物体，双手护住后脑部，屈身用膝盖贴住腹部。

112. 在轨道交通上如何避震及自我保护？

（1）坐在座椅上的人要注意保护自己的头部。

（2）站立的人要拉住扶手、柱子等。

（3）不要慌张，在工作人员的指挥下有序撤离，防止发生拥挤踩踏事故。

113. 震后被埋如何自救？

（1）保持呼吸畅通，尽量设法清除压在身上的各种物体，最重要的是清空腹部以上的物体，清除口腔、鼻腔内的尘土、异物，使自己能够正常呼吸。

（2）烟尘较多时，用衣服捂住口鼻，当闻到有煤气或毒气时，要设法用湿布捂住口鼻。

（3）用周围可以挪动的砖块、木棍等物品支撑身体上方的重物或残垣断壁，防止余震导致环境进一步恶化。

（4）注意身体上方是否存在不结实的或容易掉落的物体，尽量避开这个空间或将上方物体清除。

（5）检查自己的身体状况，以及有无受伤、是否因被重物压迫而无法活动。如果受伤，要设法包扎，避免流血过多。

（6）未受重伤者可尝试把身体从重物下慢慢脱出，并探索周围何处尚留有空间，朝着有光亮、宽敞的地方挪动，寻找脱险通道。

（7）不断向外发出呼救信号，但不能一直大声呼喊，要在听见外面有人时才呼叫。

（8）最好用手机向外发送信息，还可以通过吹哨或用砖块敲击管道和暖气片等能产生声响的物体对外发出求救信号，在夜晚也可打开手电筒，利用亮光与外界联系。

（9）注意保存体力，尽量寻找水和食品，节约水和食品，万不得已时积存自己的尿液。

（10）不要急躁和盲目行动，在等待救援的过程中，要尽可能保持平静的心态，树立坚强的求生信心。

114. 震后救人有哪些原则与注意事项？

（1）要先救近，再救远，先救轻伤人员，先救强壮人员，以便增加帮手。

（2）要确定被压埋者的情况，先让其头部露出来。

（3）急救者要针对被压埋者的不同情况，如窒息、出血、骨折等，予以适当处置。救出受伤者作简单处置后，须转移到更安全的地方。

（4）使用的工具（如铁棒、锄头、棍子等）不要伤及被压埋者。

（5）不要破坏被压埋者所处空间周围的支撑条件，以免引起新的垮塌，使被压埋者再次遇险。

（6）应尽快与被压埋者的封闭空间沟通，使新鲜空气流入，挖扒中如尘土太大应喷水降尘，以免被压埋者窒息。

（7）如压埋时间较长，一时又难以救出，可设法向被压埋者输送饮用水、食品和药品，以维持其生命。

115. 震后进家有哪些注意事项？

（1）先闻一下是否有煤气味。如果听到漏气的嘶嘶声，或因为其他原因怀疑有管道破裂，应关闭主阀门，并通知有关部门。但在打电话前，一定要远离住宅，因为电流引起的火花可能会点燃漏出的煤气，引发火灾。

（2）除非有急事，否则进屋不要使用电话。

（3）小心避开断电线。如果发现断电线，一定要报告当地的电力公司或警察局。

（4）不要喝水管里的水，除非有关部门确定其中的水没有受到下水道里的水的污染。

（5）格外留心动物，即便是平时温顺的小动物，也会在地震后变得有攻击性。

（6）防止火灾蔓延。

第三节 消防应急安全

116. 无人机在应急消防救援领域有哪些应用？

无人机作为一种性能优越的空中平台，最早应用于军事领域。在经历了漫长的萌芽期和酝酿期之后，随着技术发展及社会变革，无人机逐步从军用领域扩展到民用领域，近年来迎来高速成长期，并开始在专用领域迅速发展。无人机主要分为固定翼无人机、无人直升机和多旋翼无人机三大平台，其他小种类无人机平台还包括伞翼无人机、扑翼无人机和无人飞船等。

我国应急消防救援队伍面临日益复杂的灭火救援和社会救助形势。面对各类地震救援、抗洪抢险、山岳救助及大跨度或高层火灾等情况，传统现场侦查手段的局限性已日益凸显。当前使用无人机平台结合视频、红外等监控及传送设备，从空中对复杂地形和复杂结构建筑进行火灾隐患巡查、现场救援指挥、火情侦测及防控已在消防部队开始应用。

（1）侦查与数据采集

在森林消防方面，无人机通过搭载不同的任务载荷，在林区巡护、卫星热点侦察、火场侦察等方面发挥监测功能。在城市消防方面，无人机可以按照一定的高度、位置飞行，作为空中的一个制高点，对整个火灾区域进行观察，完成对灭火救援现场的数据采集，为科学调派救援和制定救援方案提供信息支撑。

（2）抛投救援

无人机搭载空中投掷装置，携带防毒面具、氧气瓶、救生绳索等物资，使被困人员在浓烟下得以生存，等待下一步救援；通过投掷装置，将逃生绳索投掷给被困人员，使其可以进行索降逃生；若被困人员下方有火源，不具备索降逃生条件时，无人机也可进行空中搭线，使其可通过绳索向对面楼宇横向逃生。

（3）空中喊话

突发高层火灾时，消防救援人员距离被困人员较远，且救援现场声音嘈杂,导致救援人员的逃生指导不能准确及时地传达给被困人员。无人机可搭载空中喊话模块,进行抵近喊话,使被困人员能够听清逃生方案讲解或躲避信息,同时救援人员可根据回传视频判断被困人员是否准确地执行逃生方案。

(4)化工企业灭火

化工装置类火灾发展迅速猛烈,爆炸危险极大,化工产品多带有毒害性,给扑救工作带来很多困难。前期准确判明化工产品的成分,对后续火灾扑救方式的选择至关重要。无人机搭载气体采样装置,可收集事故中心区域气体样品,进行精确分析后制定出具体的救援方案。

117. 火灾的应对原则和应对步骤是什么?

应对原则:躲火避烟。

应对步骤:示警→火势判断(自己是否能扑灭,保证灭火失败后能撤离)→做出应对决策(是灭火、逃生还是固守)→与人会合并报警。

扫码观看教学视频

118. 火灾预防和逃生中随手关门起什么作用?

只要房门不是镂空的,不是普通玻璃的装饰门或塑料门,关门可防止火灾所产生的高温有毒气体进入房间。

由于大多数居民楼火灾发生在夜间,因此平时睡觉时应养成关房间门、卧室门的习惯,延缓火灾的发展,减少伤亡。

在逃生过程中,随手关闭身后的房门及楼道的防火门,可阻止火势蔓延和烟气扩散,为人员疏散创造安全(无烟)的条件。

119. 如何制定火灾应急预案?

第一步:想。学校和家庭的生活环境可能会遇到什么样的火灾?是室外还是室内火灾?是客厅、卧室还是厨房火灾?把种种险情想得越全面越具体越好。楼道是否畅通,有无堆物?什么样的火情要逃?往哪里逃?怎

么逃？什么样的火情不能逃，只能守？谁负责灭火？有
无老弱病残者？这些特殊人群该怎么撤离？根据各种险
情，制定疏散逃生路线及应急预案，指定户外集合点。

扫码观看教学视频

　　第二步：备。备灭火器、灭火毯（灭火的、逃生的、
自救的）。学会使用灭火器。遇到油锅着火、电器着火
（在带电情况下），千万不能拿水灭火！根据想到的险情，
准备相应的灭火设备（器具）。

　　第三步：做。有条件的安装正规、合格的感烟探测报警器。不仅自己
要知道，还要让其他成员知道。平常要多演练，常模拟，提高应急反应能
力，降低伤亡率。

120. 常见手提式灭火器的操作方法是什么?

　　（1）看：使用前查看灭火器的压力表指针是否在绿色区域（二氧化碳
灭火器除外）。

　　（2）提：提起灭火器，站在火源的上风或侧上方方向。

　　（3）拔：除去铅封，拔去保险销。

　　（4）握：握住压把及喷管（如 4 千克干粉灭火器有喷管）。

　　（5）压：对准火源根部，压下压把，左右扫射。

第一步：拔去保险销

第二步：喷管口对准火苗根部

第三步：压下压把　　　　第四步：对准火苗根部左右扫射

121. 发现室内火灾如何示警和报警？

发现火情，首先要做的是示警。身处安全环境时发现火情，应马上拨打火警电话119，也可以向物业管理或门卫室相关人员通报火情。在现场发现火情，应大喊"着火了，着火了……"，及时报告给现场遭受火灾威胁的人，并快速撤离前往安全区域。

122. 摸门察看怎么做？

手触摸门板上方，手背触碰门把，如果不烫手，则用脚抵住门，人在门板后，开门缝，侧脸观察；如果没有明显压力，上方门缝无烟，则开大门缝，观察楼道烟气高度位置情况。

摸门察看步骤

123. 发生火灾时哪些情况下要逃？怎么逃？

2020年8月，贵州省毕节市一栋七层建筑楼起火。火灾发生时，楼内共有16人居住，5人自行逃生。因为一层门面堆放了大量塑料制品、轮胎、电缆等杂物，起火后燃烧产生大量有毒烟气，3名人员沿着楼道向上逃生被呛身亡，倒在七楼楼梯平台处。而在房间等待救援的人员全部获救。

由以上案例可知，我们要学会第一时间去判断能否逃生，首先要摸门察看现场的烟有多大，闻到的烟气呛不呛鼻子，呼吸道有没有刺伤感，平时楼道堆物是否堵塞不通。当外面的火势和烟已经达到一个猛烈燃烧的状态，没有逃生的可能时，切勿盲目逃生，应立即关门封堵门缝，同时拨打火警电话119等待救援。

遇到下列情况应尽快想办法逃生：

（1）火情发生在身边时，一般地上层往下跑，地下层往上跑。

（2）大楼外保温层或装饰物起火时，要尽快撤离大楼。

（3）身处着火后可能垮塌的木板房、铁皮活动房或很容易被火、烟、热所波及的环境时，要选择逃生。

逃生过程中应注意以下几点：

（1）逃生时不要坐电梯，要走疏散通道。

（2）逃生时随手关闭身后的房门和楼梯间的门。

（3）通过不同烟气层高度的通道时，为了避开烟气，应采用直立、弯腰或低姿爬行的不同姿势。

（4）低姿爬行的动作要领是：上半身下压，头部压低，口鼻靠地，眼睛最好看着膝盖，手肘手掌平贴地面，手掌在头的前方。

扫码观看教学视频

火场逃生低姿爬行姿势图

（5）沿着疏散指示标志的指示方向逃生。

（6）沿着墙壁走，用手背碰触墙壁，判断所处位置。

（7）若烟气高度太低或越来越热，应立即返回，在安全的地方等候援救。

124. 火场逃生时湿毛巾到底有没有用？

现代生活中的家具、家电等生活物品使用大量高分子合成材料，一旦遇到火灾，就更易生成复杂的有毒燃烧物，火灾发展也更为快速、猛烈。实验证明，湿毛巾能阻挡一定量的烟尘，但不能阻挡一氧化碳，所以当身边发生火灾时，要立即示警，躲火避烟地逃生。如果此时手边刚好有毛巾、水，且不耽误时间，那么用湿毛巾捂鼻没有坏处，但万万不可为了用湿毛巾捂鼻而去找水、找毛巾、打湿、拧半干、折叠、捂上，耽误宝贵的逃生时间。

如果火灾不在身边发生，逃生通道上有浓烟，也不可用湿毛巾捂鼻冲进浓烟中，因为浓烟有毒且温度高，冲进浓烟是一件很危险的事情，应该寻找安全的地方，关门，固守待援，此时可用湿毛巾来封堵门缝。

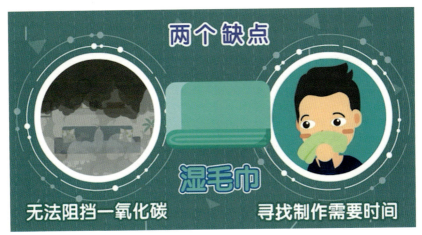

使用湿毛巾的缺点

125. 房间外发生火灾怎么办?

家中起火,要早发现早跑。楼梯间起火,坚决不跑。

一旦听到广播或室外的火灾警告声,知道所处大楼其他房间发生火灾,应先摸门察看,根据逃生通道上烟、火的情况,以及自身房门的情况,再决定是立刻逃生还是固守待援。

如果无烟或烟少,出门后关上门,通过楼道逃生,进楼梯间后,关闭楼梯间防火门。

如果门缝处已有烟飘入,或通过摸门察看,知道楼道被烟、火封堵,而所处房屋适合作为避难间,则应立即关上门,封堵门缝,拨打火警电话119 求救。

126. 固守待援怎么做?

先关紧迎火的门窗,再打开背火的门窗呼救。

扫码观看教学视频

固守待援步骤

127. 什么样的房间可作为固守待援的避难间？

（1）房门能挡住热和烟，镂空的或塑胶材质、普通玻璃门等则不行。

（2）有对外可开启的窗户，窗户面积大，能容身通过，开窗后可让进入房间的烟飘散出去，也便于呼救和被救。

（3）房屋结构完好，不易倒塌，烟、火不易从窗口进入。

（4）阳台不宜作为避难间，可作为逃到相邻的安全房间的通道。

128. 身上着火时怎么办？

停：立刻停在原地。

倒：双手捂在脸上，就地趴下，手臂并拢，尽量缩在胸口。

滚：左右翻滚，直到火熄灭，注意两腿并拢伸直，使腿内侧火势熄灭。

如果现场有其他人，未着火的人要保持镇定，立即用随手可拿到的麻袋、灭火毯等物品覆盖灭火，或帮助着火者脱下衣服。

129. 如何应对公共娱乐场所火灾？

（1）进入公共娱乐场所，要先了解各安全出口的位置，并查看逃生通道、安全出口是否存在被封堵的现象，再看看灭火器等消防器材存放的位置。

（2）如果公共娱乐场所发生火灾，要保持冷静，及时示警，尽早撤离，不围观。

（3）按照事先了解的情况，选择最近的安全通道，沿着疏散指示标志，或听从工作人员、应急广播的指引，有秩序地疏散，切忌相互拥挤，注意防踩踏。地下层的往上跑至地面一层；地上层的往下跑至地面一层，其中底层也可选择破窗逃生，直接从窗口跳出；二层的可用手抓住窗台，面对窗口，利用身高，降低高度，往下滑，让双脚先着地。

（4）根据烟层情况，采用直立疾走、弯腰触墙或低姿撤离。

（5）必要时可利用周边的物品自制器材逃生，或利用落水管、房屋内外突起部位等建筑物设施。

（6）在无路可逃的情况下，寻找避难处所固守待援。

（7）千万不能乘坐普通电梯。

逃生时禁止乘坐电梯

130. 如何应对轨道交通火灾？

（1）事先了解、熟悉站台内的楼梯和自动扶梯的位置及车站出入口的位置。

（2）如果起火点在站台，根据疏散指示标志的指向或工作人员的指引，通过楼梯或停止的自动扶梯，向车站出入口疏散，注意防止发生踩踏事件。

（3）如果列车车厢起火，听从应急广播指挥或司机、车上工作人员的指引，撤离到安全的车厢，等列车停靠在站台后，从车厢门撤离至站台，向车站出入口撤离；列车迫停在隧道内的，则从车头或车尾逃生门撤离。

（4）不能乘坐无障碍电梯，也不能使用未停止的自动扶梯。

列车发生火灾时乘客有序撤离

131. 如何应对公交车火灾？

（1）坐车时要随时关注车辆的运行状况，如闻到烧焦味等不正常味道或看到冒烟等不正常情况，应立即向司机报告。

（2）遇到车辆起火，抓住黄金三分钟逃生时间紧急逃生。

（3）听从司机引导撤离。当门窗无法正常开启时，可利用安全锤破窗逃生。

（4）从车门逃生时：

1）保持冷静，听从指挥，有序快速下车，不可大声喊叫。

2）面向疏散门（乘客门或应急门）方向，按车厢过道两侧先左后右、再左再右的次序，每次一路纵队疏散，不可拥挤争抢。

3）起火点附近及车尾的人先撤离。

4）利用应急阀打开车门：一般车门上方或侧上方都配有应急阀，应急阀一般是红色的按钮或把手。找到应急阀，顺时针扭动阀门，听到放气声后等待几秒钟就可用手推开车门。如果应急阀打开后，车门推不开，则检查车门是否被门锁锁住，如果是，需要先把应急阀逆时针归位，打开车门锁，再顺时针打开应急阀，推开车门。

（5）从车窗逃生时：

1）如果车门被火、烟封堵，则利用车窗逃生。安全锤一般架在车子两侧车窗玻璃之间。拿起安全锤，敲击车窗的四角。如果车窗有贴膜，玻璃敲碎后，用脚端开。玻璃脱落后要及时跳出车体，转移到安全处。

2）如果是滑动车窗，打开车窗，手拉住窗框，探出身体，背对窗口，双脚往下，松开双手着地即可。

3）车辆没有停稳时，不能盲目跳车。

132. 如何应对小轿车起火？

（1）当行驶途中车内有烧焦、烧糊等味道或机器盖散发出烟雾时，应保持警惕性，远离周围的易燃物，靠边停车，展开自救。

（2）如果车门是锁着的，在关闭电源前首先一键解锁，使所有车门都能从外面打开，便于救人和抢救财物。

（3）确定着火位置后，马上找到灭火器对相应的位置进行喷射灭火。

（4）打消防报警电话求救。

（5）一旦灭火失败，及时撤离。

（6）切忌坐在车内打电话求助。

（7）司机下车时，车内其他人员，尤其是老人、小孩也应全部下车到安全区域等候，不要继续留在存有安全隐患的车内。

133. 如何应对教学楼火灾？

（1）如果是所在教室内着火，要迅速逃生；如果是所在教室外着火，一人摸门察看后，先判断疏散通道是否被烟、火封堵，再决定是安全逃生还是固守待援。

（2）听从指挥，有序撤离，按疏散路线快速到达指定的室外集合点。

（3）远离起火区域，保持头脑清醒，根据疏散指示标志，辨别安全出口方向，不要慌乱拥挤，防止发生踩踏事件。

（4）避免大声呼喊，防止因烟雾吸入口鼻而中毒。

134. 如何应对宿舍火灾？

（1）发现起火的人第一时间通知起火点周围的人撤离起火区域，到达安全区域。

（2）如果火势较小，处于火灾初期阶段，可用灭火器灭火，也可用灭火毯、湿毛毯、棉被覆盖，将火灾消灭在初期。

（3）如果火势较大，自行扑救有困难或首次灭火不成功的，应迅速跑出着火房间，关闭房门，截断烟雾扩散，阻止火势蔓延，并呼喊或通知其他宿舍的同学，迅速疏散到安全区域。

135. 如何应对实验室火灾？

（1）迅速移走一切可燃物，切断电源，关闭通风器，防止火势蔓延。

（2）当酒精等有机溶剂泼洒在桌面上着火燃烧时，应用湿抹布、沙子盖灭，或用灭火器扑灭。

（3）火势较大时，应及时拨打 119 报警。

（4）如发生爆炸事故，应将受伤人员撤离现场，送往医院急救，同时切断电源，关闭燃气和水龙头，迅速清理现场，以防引发其他着火中毒等事故。

136. 如何使用过滤式消防自救呼吸器？

过滤式消防自救呼吸器，俗称防烟面具，是逃生人员为防止一氧化碳、氰化氢等有害气体及烟雾、热气流的侵害而佩戴的一次性使用的呼吸器。

过滤式消防自救呼吸器由防护头罩、过滤装置和面罩组成，推荐使用全面罩，平时存放在固定地点。过滤装置由滤尘垫、干燥剂（浸有氧化钙和氯化锂的柱状活性炭）、一氧化碳触媒（也称为霍加拉特剂，由二氧化锰和氧化铜组成）组成。

在距离起火区域很远的地方，或周边烟气温度在 65℃ 以下，可以一拿到防烟面具就立即戴上逃生。若逃生路线已被火、烟、热封堵，则应在避难间固守待援，此时若有防烟面具也应该立即戴上。使用方法如下：

第一步：打开包装盒，
取出呼吸器

第二步：按照提示拔掉滤
毒罐内外两个红色橡胶塞

第三步：双手伸进面具，将
面具套住头部，视窗向前

第四步：往下拉至颈部，
拉紧头带，调整收缩带扣

（1）打开包装盒，取出呼吸器。

（2）按照提示拔掉滤毒罐内外两个红色橡胶塞，将面具套住头部，呼吸面罩透视窗向前戴好，女士长发盘进面具内。

（3）往下拉至颈部，拉紧头带，调整收缩带扣。

137．安全绳有哪些种类？

（1）普通安全绳，材料为锦纶等。

（2）带电作业安全绳，材料为蚕丝、防潮蚕丝、迪尼玛、杜邦丝。

（3）高强度安全绳，材料为迪尼玛、杜邦丝、高强丝。

（4）特种安全绳，如：消防安全绳的内

安全绳

芯是直径 4.3 毫米的钢丝，外包裹纤维皮；海洋耐腐蚀安全绳材料为迪尼玛、帕斯特、高分子聚乙烯；耐高温安全绳材料是凯芙拉，能够在 -196℃ ~ 204℃ 范围内长期正常运行，在 150℃ 下的收缩率为 0，在 560℃ 的高温下不分解、不熔化；热缩套安全绳的内芯是合成纤维绳索，外皮包裹热缩套，耐磨，防水。

138. 高楼快速逃生滑梯的使用方法和特点是什么？

高楼快速逃生滑梯平时可以收起，不影响楼梯日常使用。一旦发生火灾，任何一层的逃生人员跑到楼梯口即可迅速启动一条以机械联动、在楼梯台阶自上而下自动连接铺展的逃生滑梯，逃生人员只要躺进滑梯即可撤离到底楼逃生。

逃生人员在滑梯中的滑行状态以"快—慢—快—慢"的速度变换，通过转弯段滑槽时减速至接近零，但又能继续平稳下滑，不会造成晕眩或冲出滑梯。使用方法和特点如下：

（1）在楼梯转弯口平台放置护垫。逃生人员可将护垫扎在身后，防止滑行擦伤。

（2）逃生滑梯联动喷淋。翻下滑槽，置于楼梯扶手下沿的自来水喷淋系统同时喷水雾，便于逃生人员自我保护。

（3）逃生滑梯联动紧急照明。翻下滑槽，同时启动紧急照明，避免夜间遇灾摸黑造成危险或伤害。

（4）逃生滑梯联动警报。翻下滑槽，同时响起警报，避免高楼人员因室内门窗紧闭不了解险情而贻误逃生自救时机。

139. 如何使用逃生缓降器？

逃生缓降器可用于居民楼、娱乐休闲场所、宾馆、饭店、办公楼、学校、商场等高层建筑物发生火灾等紧急情况，当房间、阳台或安全出口完全堵塞时，被困人员可使用逃生缓降器平稳、安全、迅速地撤离危险现场。

逃生缓降器

逃生缓降器适用于 30 米以下的楼层，安装高度为 1.6 米，安装位置应保证使用时其调速器不与窗框、阳台边缘发生碰撞。使用方法如下：

（1）挂固调速器。意外发生时，取出调速器，将安全钩挂固在预置安装点上，确保调速器的可靠固定。

（2）展开绳盘。将绳索卷盘展开，确保下降过程中绳索能够自由释放，不出现缠绕、钩挂等问题（绳索卷盘可抛向室外，亦可置于室内）。

（3）穿戴安全带。将马甲式安全带穿戴好，用绳索的挂钩将安全带胸前左右两个挂持带连接在一起，并锁紧安全钩。然后检查并调节肩带的长度，使安全带与人体胸背部适度贴合。圈式安全带则置于两肋，调整松紧度，使安全带与人体上部躯干贴合。

（4）建立应急出口。戴上手套，打开固定点附近的窗户，或取出应急手电，利用手电上的锥尖或其他工具，敲击玻璃的四角并清理玻璃碎片，建立应急出口，出口的大小应能确保逃生人员顺利通过。

（5）开始缓降。逃生人员面向墙壁，扶住应急出口边缘，将身体置于室外，在确保自身与固定点之间的绳索张紧后开始匀速下降。下降过程中，注意观察灾情周围情况，看看是否可以缓降到其他安全平台或通道。

（6）缓降着地。着地站稳后，解开绳索与安全带的挂钩，并迅速离开现场。如果还有待逃生人员，可将脱下的安全带重新固定在挂钩上，后续人员即可穿戴安全带按同样方法滑降逃生，依次往复，连续使用。

140. 油锅起火如何处置?

（1）第一时间用锅盖把油锅盖上,关闭煤气灶开关。

（2）火势不大时,可用湿抹布覆盖火苗。

（3）往油锅里放入青菜、沙子、米等把火压灭,但不可放入面粉。

（4）灭火时不要让油溅出锅外。

（5）不要使用泡沫灭火器或水灭火。

141. 小家电着火如何扑救?

（1）小家电开始冒烟或起火时,应马上拔掉电源插头或关闭电源总开关。

（2）用湿毛毯、灭火毯或棉被等盖住小家电,阻止烟火蔓延,挡住可能的玻璃碎片。

（3）即使已关闭小家电电源,也不要泼水灭火。

142. 身边可用来灭火的物品有哪些?

（1）湿衣物。初期火势不大,可用湿的毛巾、抹布、围裙等直接盖住火苗将火熄灭。

（2）水。火灾初起时,盛装水的容器,如水桶、水壶、水盆、水缸等,都可作为简易灭火器材使用。电器火灾、油类火灾则不能用水灭火。

（3）食盐。食盐的主要成分是氯化钠,在高温火源下,会迅速分解为氢氧化钠,通过化学作用来抑制燃烧,因此食盐也是身边很好的灭火器材。

（4）沙土。因汽油、柴油泄漏引起的火灾,在没有泡沫灭火器的情况下,可用沙土覆盖灭火,沙土能有效地抑制火势。

143. 不能用水灭火的情况有哪些?

（1）比水轻而不溶于水的液体,如各种油、酒精等。

（2）遇水会发生燃烧或爆炸的危险物质,如钾、钠等。

（3）电器火灾,如电视机、电脑的火灾等都不能用水灭火。

144. 如何预防电动车起火？

电动车火灾多由过度充电和电池短路等情况造成，尤其是私自改装、加装电池的电动车，破坏了整车电路的安全性能，更容易造成线路过载或短路等故障，继而引发火灾。需要注意以下几点：

（1）购买电动车时，要注意选择有生产许可证、市场知名度较高的电动车，同时注意查看电动车是否具备欠压、过流保护功能和短路保护功能。

（2）购买电动车时，必须看清产品说明书并按说明书操作，还要选择与电动车、充电器、电机型号、规格相配套的电瓶。

（3）不要擅自拆卸电动车的电气保护装置；不私自改装电动车电池，改动电气线路，拆除限速装置；不使用不匹配的充电器充电。

（4）不要在建筑首层门厅、走道及楼梯间内存放电动车。

（5）应避免将电动车存放在潮湿、高温处，并尽量远离易燃可燃物。

（6）不用电动车时，尽量取下电池单独存放。

145. 电动车如何安全充电？

（1）车辆充电应尽量在室外，或将电池拆下来单独充电。

（2）不从楼上飞线充电。充电线路敷设应固定安装，加装短路和漏电保护装置。

（3）避免充电时间过长，按照说明书规定进行充电。

（4）充电时将充电器放在容易散热的地方，防止充电器过热引发火灾。

（5）行驶时充电器不要放在车上，因为路面颠簸容易导致充电器内区发生短路，再充电容易引起自燃。

（6）正常充电4~6小时，不得超过8小时。

146. 电动车起火时如何逃生自救？

（1）如观察后发现楼梯间没有烟火蔓延或波及不大，楼梯畅通，首先选择沿楼梯向室外逃生。

（2）在楼梯间烟火较大或被阻断的情况下，切不可盲目沿楼梯向下逃生，应退回室内固守待援。用胶带、湿毛毯、湿毛巾堵塞门缝、窗框，向门上泼水降温，同时拨打119告诉接警人员具体位置，或采取大声呼喊、挥舞鲜艳衣物、打手电等方式进行呼救。

（3）三楼以下的低楼层也可选择用缓降器、逃生绳等方式，或向楼下抛掷棉被或床垫，然后双手抓住窗沿，身体下垂，双脚落地跳下逃生。

147. 电动车电池起火如何处置？

如果电动车在充电过程中起火，应及时切断电源，接着实施灭火处置，可用水或其他不可燃液体对锂电池、含锂电池设备或相关行李进行淋洒降温。确认灭火后的设备不再出现冒烟等现象，状态稳定后，使用注入水的垃圾箱、冰桶等辅助工具将其移动至风险较小的区域，指派专人监控。

对于燃烧中的充电宝，应注意避免爆炸和触电，进行冷却降温及迅速的灭火措施。

在彻底检查火情的过程中，应始终使用绝缘工具，不要与任何高压部件接触。

第四节　燃气泄漏事故

148. 如何预防燃气泄漏？

（1）经常检查燃气管道的密封性和完整性，具体做法是在管道接口、经常弯折的地方涂上肥皂水，然后打开燃气阀，观察是否有漏气现象。

（2）不论是瓶装燃气还是管道燃气，用完后应随手关闭灶具阀、灶前阀和总阀门，管道天然气停气时一定要关闭阀门。

（3）使用燃气时不离开，以免汤液溢出浇灭火焰导致天然气泄漏或容器烧干，从而引发火灾等事故。

（4）使用燃气时注意保持通风。

（5）及时更换老化胶管，一般橡胶输气管半年到一年就要换一次，金属材质的可适当延长更换周期。

（6）灶具不安装在卧室里。

（7）使用燃气的过程中，一旦出现头晕、头痛、乏力、恶心等情况，要想到一氧化碳中毒的可能，马上开窗通风，关闭燃气阀门，及时就医。

注意通风

149. 如何预防天然气、液化气中毒？

（1）必须购买合格安全的燃气用具。

（2）灶具要和气源相配套，比如使用煤气，就不能安装天然气或液化气灶具。

（3）须由专业人员安装燃气热水器或其他燃气用具。

（4）使用燃气时，应注意通风换气，不使用时必须关闭燃气用具开关。液化气钢瓶应坚持做到"五不准"：不准加热，不准火烤，不准横放，不准摇晃，不准日晒。

（5）经常检查煤气开关与软管接口处，看有无漏气。特别是睡觉前应检查煤气开关是否关好，厨房是否有燃气漏出的特有臭味。

（6）在煮饭、烧水、煨汤、熬药时，应有人看管，切不可在点燃燃气后离开去做其他事情。

（7）热水器必须安装在通风良好的环境中，严禁安装在浴室内。洗澡时间不宜过长，洗浴时应打开排气扇或窗户留有空隙，以免室内一氧化碳浓度过高，从而造成煤气中毒。如有同伴或家人进入浴室时间过长，要引起警觉。

（8）有煤气或液化气的家庭建议安装可燃气体泄漏报警器，当周围出现煤气或液化气泄漏时，可及早采取避险措施。

150. 如何救治燃气中毒者？

（1）把中毒者移至空气流通处，解开其衣扣，使其呼吸顺畅。

（2）注意卧床、保暖。

（3）到室外拨打急救电话。

（4）使丧失意识的中毒者保持气道开放，必要时进行人工呼吸，对呼吸、心脏骤停的中毒者应立即实施心肺复苏。

151. 对煤气中毒的错误认识主要有哪些？

（1）只有烧煤才会引起煤气中毒。凡属含碳的燃料，如汽油、煤油、木炭等，在缺氧而不能完全燃烧时，皆可产生大量的一氧化碳，因此也能引起煤气中毒。

（2）室内没有煤烟不会引起煤气中毒。煤气是一种无色、无味气体，室内没有煤烟不等于没有煤气。

（3）用湿煤封火或放一盆水不会引起煤气中毒。一氧化碳极难溶于水，而且水分和煤在高温下会发生化学反应，生成一种叫水煤气的混合气体，这种气体含有大量一氧化碳，且比重大，更易在室内滞留，增加中毒的危险。

（4）门窗上有缝隙不会引起煤气中毒。空气比重为 1，煤气比重为 0.967，室外空气比煤气重。如果门窗缝隙处于低处，煤气便不易排出，因此门窗上有缝隙也可能引起煤气中毒。

（5）烧天然气不会引起煤气中毒。天然气的主要成分是甲烷，它本身是一种无毒可燃的气体。同其他所有燃料一样，天然气的燃烧需要大量氧气。如果在使用灶具或热水器时不注意通风，室内的氧气会大量减少，造成天然气的不完全燃烧，后果就是产生有毒的一氧化碳，最终可能导致使用者中毒。

（6）煤气中毒了冻一下就会醒。寒冷刺激不仅会加重缺氧，还会导致末梢循环障碍，诱发休克和死亡。因此，发现煤气中毒病人后一定要注意其保暖。

（7）灌醋和酸菜汤能救煤气中毒病人。硬往煤气中毒病人，尤其是处于昏迷状态的病人嘴里灌醋或酸菜汤，容易使其呛入肺内，阻断肺泡气体交换，导致病情加重，甚至死亡。

（8）煤气中毒病人抢救过来就没事了。煤气中毒对人的肺、心、脑等器官的损害都很大。抢救过来的病人若不继续精心治疗，很可能留下后遗症。煤气中毒病人必须经医院的系统治疗后方可出院，有并发症或后遗症者出院后应口服药物或进行其他对症治疗，重度煤气中毒病人需一两年才能完全治愈。

第五节　触电事故

152. 如何防范高压触电？

（1）如果高压电线在跳跃和冒火花，至少与电线保持 9 米距离，在潮湿的环境中至少保持 18 米距离。

（2）身处灾难现场，感觉自己的腿和下半身刺痛，则说明在漏电区域，应采用单脚跳的方式远离。

（3）如果高压电线掉在乘坐的车上，应先留在车上，直到通知安全再出来。

153. 发生高压触电事故后切断电源的方法有哪些？

（1）立即通知有关部门停电。

（2）戴上绝缘手套，穿上绝缘鞋，采用相应等级的绝缘工具拉开开关或切断电源。

（3）采用抛掷搭挂裸露金属线，使线路短路接地，迫使保护装置动作而断开电源。

154. 如何让触电者脱离电源？

（1）如果电源开关或插座在触电地点附近，可立即拉开或拔出插头，切断电源。

（2）如果电源开关或插座距离较远，可用有绝缘柄的电工钳等工具切断电线，从而断开电源；也可将干木板等绝缘物塞到触电者身下，隔断电流的通道。

（3）如果电线搭落在触电者身上或被触电者压在身下，可用干燥的绳索、木棒等绝缘体作为工具，拉开触电者或排开电线，使触电者脱离电源。

让触电者脱离电源

　　（4）如果触电者的衣服干燥，又没有紧缠在身上，可用一只手抓住触电者的衣服，将其拉离电源。此时因触电者的身体是带电的，鞋的绝缘也可能遭到破坏，所以救护者不得接触触电者的皮肤，也不能抓触电者的鞋。

155. 触电者脱离电源后如何进行现场急救？

　　（1）对于触电后神志清醒者，应使其就地安静休息，减轻心脏负担，加快恢复。情况严重时，须小心送往医院。

　　（2）对于触电后神志不清醒，失去知觉，但心跳和呼吸存在者，应使其仰卧，周围空气要流通。严密观察，做好人工呼吸和心脏按压的准备工作，并立即将其送往医院。

　　（3）对于心跳停止者，可用体外人工心脏按压法来维持血液循环。

　　（4）对于呼吸停止者，可用口对口的人工呼吸法来维持气体交换。

　　（5）对于心跳、呼吸都已停止者，要对其进行心肺复苏，同时送往医院急救。

第六节　道路交通安全

156．骑自行车有哪些注意事项？

（1）骑车前要检查车况，比如前后刹车装置、车铃是否灵敏等。

（2）骑大小合适的车，不要骑儿童玩具车或过大的车型上街。

（3）在非机动车道靠右骑行，不可逆行，不在马路中间骑车。

（4）遵守信号灯，转弯时不抢行猛拐，要提前减慢速度，看清四周情况，用明确的手势示意后再转弯。

（5）骑车时不要双手脱把，不和人并骑、互相攀扶、追逐打闹。

（6）骑车时不攀扶机动车辆。

（7）骑车不带人，不载过重的东西。

（8）骑车时不戴耳机，不听音频。

157．在雨雪、大雾天骑自行车有哪些注意事项？

（1）自行车轮胎不要充气太足，以防滑倒。

（2）集中精力，骑车慢行，与行人、车辆保持安全距离。

（3）尽量穿颜色鲜艳的外套，以引起司机的注意。

（4）过路口时下车，推车过马路。

（5）选择雪层浅的平坦路面，不要急刹车、急拐弯。

（6）骑车时不单手握把撑伞。

158．乘坐公交车有哪些注意事项？

（1）等车停稳后有序上下车。

（2）不携带汽油、爆竹等易燃易爆物品和锐利的物品乘车。

（3）注意坐姿和站姿，不随意走动。

（4）不将身体任何部位伸出窗外。

（5）不吃东西，不喝饮料，以防紧急刹车时咬到舌头或食物误入呼吸道造成窒息。

（6）不随意按车上的任何按钮。

（7）避免高声喧哗，不做破坏性行为，不得分散司机的注意力。

159. 乘坐小汽车有哪些注意事项？

（1）一定要系好安全带。

（2）上车之后关好车门。

（3）不向外乱丢垃圾。

（4）不把头和手、胳膊伸出窗外。

（5）下车时采用荷式开门法，不要突然打开车门，要看清后方没有车辆或行人通过。

（6）一定要从右侧车门上下车，不要在道路中间上下车。

160. 什么是荷式开门法？

荷式开门法是从荷兰传过来的，即用离车门最远的那只手开门（左舵车用右手，右舵车用左手），便于观察车门附近的情况。

荷式开门法

161. 乘坐地铁有哪些注意事项？

（1）在安全线内有序候车。

（2）不倚靠屏蔽门、安全门或安全护栏。

（3）列车停稳开门后先下后上。

（4）当车门灯闪烁，蜂鸣器响起时，不要再强行上下车，阻碍车门关闭。

（5）车门开启或关闭时，注意身体与车门保持一定距离。

（6）当发现列车运行异常时，可使用车厢紧急呼叫装置联系司机，或拨打 64370000（上海地铁服务监督热线）告知异常情况。

（7）车厢内不得饮食饮水。

（8）不擅自启动紧急停止手柄。

（9）使用电子设备时不能外放声音。

162. 乘坐公共交通如何防盗？

（1）尽量避免携带贵重物品，马甲袋内不要放置贵重物品。

（2）携包上车时，必须将皮包拉链拉上，并尽可能将拉链面紧贴身体，拎包、背包不要放在背后，防止失窃。

（3）上车时，钱包、皮夹不要放在暴露在外的裤子后口袋和西服的下面口袋及衬衫口袋内，以防犯罪分子有机可乘。

（4）携带数量较多的现金乘车时，最好不要在公众面前暴露，以免引起扒手注意，尾随作案。

（5）对故意碰撞你的人或两三个紧贴你的人要加倍小心，防止失窃。

（6）一旦发现钱物被窃，应一面注意身边乘客，一面通知司机或售票员紧闭车门，并尽可能及时报警。

第七节　公共场所安全

163. 在公共场所有哪些注意事项?

（1）进入公共场所前，一定要先了解安全出口、安全通道和消防器材的准确位置，留意疏散通道的封堵情况。

（2）不随意玩火，禁止携带火种，发现火灾要及时报告或报警。

（3）进入公共场所应先仔细阅读有关规定，并严格按章活动。

（4）不随意触摸公共场所的消防警报、电源开关等设施设备。

（5）尽量避免同时涌向一个场所或景点，以免因通行不畅造成踩踏事故。

164. 人群拥挤时如何自我保护?

（1）左手握拳，右手握住左手手腕，双肘与肩平行。

（2）稍微弯下腰，双肘在胸前形成牢固而稳定的三角保护区，低姿前进。

拥挤人群中的自我保护动作

165. 倒地防踩踏的自我保护动作要领是什么?

（1）两手十指交叉相扣，护住后脑和颈部。

（2）两肘向前，护住双侧太阳穴。

（3）双膝尽量前屈，保护胸腔和腹腔的重要脏器。

（4）侧躺在地。

侧躺时的自我保护动作

166．在野外迷路了怎么办？

（1）如果带着地图，要先会看地图，看清每个符号代表什么，找到自己处于地图上的哪一区。

（2）如果没有携带地图，可以利用指南针找对方向。

（3）如果地图、指南针都没有带，首先考虑能否沿原途返回。

（4）如果找不到可靠的地理特征，可以利用太阳分辨方向。

（5）如果阴天看不到太阳，可以通过观察树干或岩石上的苔藓来辨别方向。苔藓通常生长在背光处。在北半球，北部或东北部苔藓较多；在南半球，南部或东南部苔藓较多。

167．搭乘自动扶梯时遇到突发状况怎么办？

（1）衣物被夹时，应立即将被夹物与身体分离，大声呼救，提醒他人马上按下紧急停止按钮。

（2）自动扶梯突然停运时，扶梯上的人应紧握扶手，保持身体平衡，待自动扶梯完全停止后，再有序撤离。

（3）不慎摔倒时，两手十指交叉相扣、护住后脑和颈部，两肘向前，护住双侧太阳穴，再设法站起，紧握扶手。

（4）他人在自动扶梯上摔倒并殃及自身时，应立即一只手握紧扶手，尽量保持身体平衡，另一只手可挡护在身前。如果在自动扶梯口，可立即按下紧急停止按钮，终止扶梯运行。

第三章

公共卫生事件应急安全常识

第一节　食品安全

168. 食品药品安全标志有哪些？

（1）SC标志：2018年10月1日起，食品包装上开始出现"SC"开头的14位阿拉伯数字组成的食品生产许可证编号。

（2）绿色食品标志：绿色食品是安全、无污染、无公害营养类食品的统称。

（3）保健食品标志：保健食品是指具有特定保健功能的食品，适宜于特定人群食用，可以调节机体功能，不以治疗疾病为目的。

169. 如何通过食品包装袋的外观来辨别假冒伪劣食品？

一般来说，假冒伪劣食品的包装袋或材质欠佳、手感差，或印刷模糊，有的甚至是回收的旧包装袋，因此可注意观察包装袋是否简单粗糙、印刷是否粗制滥造，以及是否有污迹、折痕等。

170. 食品包装袋上的哪些信息值得关注？

（1）保质期：注意日期是否被涂改过。

（2）存放方式：根据包装袋上的商品说明了解存放条件，看其是否与实际相符。如一些包装袋上写了低温储存，但实际放在常温下售卖的酸奶、蛋糕等就尽量不要买。

（3）配料表：了解食品的添加剂和营养价值。

171. 日常生活中如何做到健康饮食？

（1）一日三餐吃好、吃饱。

（2）买零食要去正规的商店或超市，不买路边摊食物。

（3）购买食品时要认真查看生产厂家、生产日期、保质期，不吃"三无"产品。

（4）做到"六不吃"：不吃生冷食物、不吃不洁瓜果、不吃腐败变质食物、不吃未经高温处理的饭菜、不喝生水、不吃垃圾零食。

172. 被异物噎住了如何施救?

（1）用力咳嗽：气道不完全梗阻时，鼓励伤病员用力咳嗽，观察异物是否咳出。

（2）背部叩击法：若未咳出，应让伤病员低头弯腰，头低于气管，身体前倾，救护员一手支撑其胸部，另一手的掌根部在其两肩胛骨之间进行最多5次的大力叩击，借助咳嗽反射有可能排出异物。

（3）海姆立克急救法：伤病员弯腰，头部前倾，救护员站在其身后，环绕其腰部，一手握空拳，拇指侧紧抵伤病员脐上二横指腰部正中，另一手握紧拳头，用力快速向内、向上冲击5次。

（4）如梗阻仍没有解除，继续交替进行5次背部叩击，反复快速冲击，直到异物从气道排出。

（5）千万不能喝水。

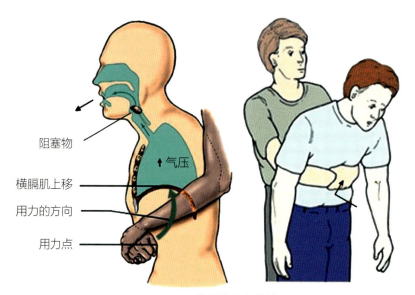

海姆立克急救法

173. 被异物噎住了如何自救?

　　将上腹部抵在椅背、桌沿、走廊栏杆等坚硬的平面上,连续向内、向上冲击,重复操作若干次,直到把气道内的异物清除为止。

扫码观看教学视频

被异物噎住的自救

174. 食物中毒的原因主要有哪些?

　　(1)致病性微生物污染食物并大量繁殖。

　　(2)有毒化学物质混入食品,并达到能引起急性中毒的剂量。

　　(3)食品本身在一定条件下含有有毒成分,如河豚的卵巢、肝脏、皮肤等部位有毒,新鲜鱼肉一般没有毒。

　　(4)食物因贮存不当而产生毒素等,如发芽的马铃薯。

　　(5)误食含有有毒成分的食物,如毒蘑菇。

175. 什么是细菌性食物中毒?

　　细菌性食物中毒,指因摄入被细菌污染的食品引起的急性或亚急性疾病,是食物中毒中最常见的一类,可分为感染型食物中毒和毒素型食物中毒。

176. 如何预防细菌性食物中毒？

预防细菌性食物中毒有三个基本环节：防止食品污染，阻止细菌繁殖和产生毒素，吃前彻底消灭致病细菌。

177. 如何防止食品污染？

（1）加强畜禽宰前检疫、宰后检验。

（2）加强食品在贮存、运输、制作、销售过程中的卫生管理，防止交叉污染。

（3）搞好个人卫生，养成良好的卫生习惯。

（4）开展爱国卫生运动，保持环境整洁，消灭苍蝇、蟑螂、老鼠及有害昆虫等传染媒介。

178. 如何阻止细菌繁殖和产生毒素？

（1）食品原料、半成品和食物最好存放在冷藏设备中；缺乏冷藏设备时，要存放于整洁、凉爽、通风、干燥的地方。

（2）有计划地采购，避免食品原料积压。

（3）夏秋季节现吃现做，不吃剩饭剩菜和存放时间较长的食物，防止细菌繁殖，产生毒素，引起食物中毒。

179. 食物中毒了怎么办？

（1）进食的时间在 1 小时以内，可用手指或替代品刺激咽部帮助催吐，尽快排出毒物。

（2）洗胃：喝 300~500 毫升清水，稀释胃内毒物，再进行催吐。

（3）导泻：可吃泻药，增强肠蠕动，将毒物从肛门排出，如用硫酸钠或硫酸镁 20~40 克和 200 毫升水顿服，或用中药大黄等。

（4）中毒症状较轻者可卧床休息，禁食 6~12 小时，多喝加糖的淡盐水。

（5）中毒症状严重者应立刻就医。

（6）保留吃剩的食品，带到医院帮助诊断。

第二节　传染病的预防

180. 如何预防传染病?

（1）关心政府部门正规渠道发布的相关新闻信息，及时了解传染病的症状特点及相关情况。

（2）对照传染病的症状自我检查，发现情况尽快自我隔离，就医诊断治疗。

（3）接种相应的疫苗。

（4）生活有规律，合理安排休息时间，注意不要过度疲劳。

（5）进行合理的体育锻炼，增强抵抗疾病的能力。

（6）定时开窗通风，尽量少去空气不流通、人多拥挤的场所。

（7）注意个人卫生，养成良好的卫生习惯，如饭前便后洗手、不喝生水、不吃不洁净的食物等，把好"病从口入"关。

181. 哪些情况下需要洗手?

入校或回家后、外出归来后、接触垃圾后、擤鼻涕后、打喷嚏用手遮掩口鼻后、使用体育器材和电脑等公用物品后、触碰高频次接触公共物品后、接触可疑污染物品后、去医院或接触病人后、就餐前、眼保健操前、触摸眼口鼻等部位前、便前便后……

182. 什么是七步洗手法?

使用流动水，使双手充分浸湿，将适量肥皂或皂液均匀涂抹至整个手掌、手背、手指和指缝，认真揉搓双手，整个揉搓过程为 15～20 秒。

七步洗手法的具体步骤如下页图所示。

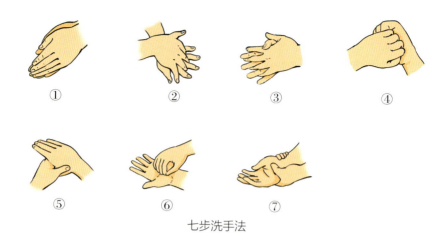

①　②　③　④

⑤　⑥　⑦

七步洗手法

183. 口罩有哪些种类？

口罩有很多种，比如工业用、医用等。目前我们常见的口罩主要有四类：

（1）普通脱脂纱布口罩；

（2）一次性医用口罩；

（3）一次性医用外科口罩，分为外层阻水、中层过滤、内层吸湿三层；

（4）一次性医用防护口罩，通常执行美国 N95、中国 KN95、欧洲 FFP2、日本 DS2 等标准，不仅满足对非油性颗粒物至少 95% 过滤效率的要求，还具有阻隔血液或传染性体液喷溅的能力，更适合医务人员临床使用。

184. 如何正确佩戴一次性医用口罩？

（1）面向口罩无鼻夹的一面（口罩内层），两手各拉住一边耳带，使鼻夹位于口罩上方。

（2）将双手指尖放在鼻夹顶部，一边向内按压，一边向两侧移动，塑造出鼻梁形状。

（3）整理口罩下端，使口罩与面部贴合。

正确佩戴一次性医用口罩

185. 如何正确摘脱口罩？

（1）不要接触口罩外表面（污染面），不要接触口罩内表面。

（2）若口罩为系带式，先解开下面的系带，再解开上面的系带。

（3）若口罩为挂耳式，请直接从耳际取下。

（4）摘掉口罩后应洗手。

186. 如何丢弃使用过的口罩？

（1）普通人使用的一次性口罩，可喷上消毒液或医用酒精密封后再扔掉，也可将污染面朝内折叠，单独放在塑料袋里，投放到专用的废弃口罩垃圾桶或干垃圾桶。

（2）疑似病例或确诊病例使用的口罩，应视作医疗废弃物，严格按照医疗废弃物有关流程处理，不可随意丢弃。

（3）丢弃口罩后应立刻洗手。

187. 口罩使用还有哪些注意事项？

（1）注意医用口罩的有效期，一般医用外科口罩的有效期是 3 年，医用防护口罩的有效期是 5 年。

（2）使用医用防护口罩或医用外科口罩时不要用一只手捏鼻夹，防止口罩鼻夹处形成死角漏气，应用双手指尖调整鼻夹。

（3）医用口罩只能一次性使用，不能重复使用，如果口罩内侧湿了或被污染了，要及时更换，建议每 4 小时更换一次口罩。

188. 什么是咳嗽和打喷嚏礼仪？

（1）咳嗽和打喷嚏时，尽量避开人群，用纸巾捂住口鼻，避免用双手遮盖口鼻。

（2）如果临时找不到纸巾，可弯曲手肘遮盖口鼻。

（3）使用过的纸巾要丢到垃圾桶里。

（4）咳嗽或打喷嚏后要立即清洗双手，或使用免洗消毒液对手进行消毒。

189. 呼吸道传染病的个人预防措施主要有哪些？

（1）学习了解呼吸道传染病的相关知识和信息。

（2）培养良好的个人卫生习惯，经常用肥皂和流水洗手，不用公用毛巾，不混用毛巾。

（3）搞好个人卫生，勤洗勤晒衣服、被褥等。

（4）咳嗽或打喷嚏时应用手肘内侧、手帕或纸巾掩住口鼻，避免飞沫污染他人。

（5）经常开窗，保持生活、工作环境空气流通，尽量不使用空调。

（6）注意加强营养，均衡饮食，劳逸结合，避免过度劳累。

（7）注意防寒保暖，经常进行户外活动，呼吸新鲜空气，勤锻炼，增强抵抗疾病的能力。

（8）疫情期间尽量不去人群密集的公共场所，如确实需要去，则戴好口罩。

（9）保持 1 米的社交距离。

（10）避免接触可疑动物和禽类。

（11）冷链食品的加工制作者应做好个人防护。

190. 什么是肝炎？

肝炎是由细菌、病毒、寄生虫、酒精、药物、化学物质、自身免疫等多种致病因素引起的肝脏炎症的统称，症状表现为乏力、恶心、食欲减退、厌油等。根据致病因素，可分为病毒性肝炎、药物性肝炎、酒精性肝炎、脂肪性肝炎和自身免疫性肝炎等。

其中，病毒感染导致的病毒性肝炎较为常见，根据感染病毒的不同可分为甲型肝炎、乙型肝炎、丙型肝炎、丁型肝炎、戊型肝炎。

191. 病毒性肝炎的个人预防措施主要有哪些？

（1）培养良好的个人卫生习惯和饮食习惯。如饭前便后洗手，不互用餐具、茶杯，不喝生水，不吃不洁瓜果及其他可疑污染食物，不生（半生）吃水产品等。

（2）做到生活有规律，劳逸结合，饮食均衡。

192. 什么是诺如病毒感染性腹泻？

诺如病毒感染性腹泻是由诺如病毒引起的腹泻，具有发病急、传播速度快、涉及范围广等特点。

诺如病毒感染性强，以肠道传播为主，可通过污染的水源、食物、物品、空气等传播，常在社区、学校、餐馆、医院、托儿所、孤老院及军队等处引起集体暴发。

193. 诺如病毒感染的个人预防措施主要有哪些？

（1）注意个人卫生，勤洗手。

（2）不吃生冷食品和未煮熟、煮透的食物，减少到校外的餐厅就餐，特别是无牌无证的街边小店。

（3）减少外出和参与大型活动，杜绝传染渠道。

第三节 动物伤害的防范与应对

194. 被蜂虫类蜇伤后怎么办?

（1）用温水、肥皂水或盐水、糖水清洗伤口，如果户外没有水，也可用新鲜的尿清洗伤口。

（2）发现伤口处有残留的蜇刺应立即拔出。

（3）可在伤口处涂抹万花油、红花油或绿药膏等，也可将生姜或大蒜等捣烂、嚼烂涂在伤口处。

（4）出现头疼、头昏、恶心、呕吐、烦躁、发烧等症状时，应立即就医。

195. 遇到蜂群袭击怎么办?

遇到蜂群袭击时，应尽快用衣物包裹住暴露在外的身体部位，尤其是头、脸及颈部，切勿反复扑打野蜂。

身处平缓地形，可选择快步奔跑，摆脱蜂群。

身处危险地形，则应选择原地蹲下或趴下，静止不动。

遇到蜂群袭击的应对方法

196. 如何预防被蜱虫咬?

（1）进入有蜱地区（如森林、草地、灌木丛等）要穿防护服，扎紧裤脚、袖口和领口；外露部位要涂擦驱避剂（避蚊胺、避蚊酮、前胡挥发油），或将衣服用驱避剂浸泡；离开时应相互检查，切勿将蜱虫带回家中。

（2）6~11月为蜱虫最活跃的时期，在此期间须格外注意，防止被蜱虫叮咬致病。

（3）避免长时间接触木材和落叶堆。

（4）走在小路中央，不要靠草丛。

（5）从野外回来后及时冲澡，仔细检查手臂、耳后、腿、膝盖和头发。

197. 被蜱虫咬后有哪些注意事项？

（1）要用镊子等工具将蜱虫除去，切记不能用手指将其捏碎，应到医院取出。

（2）可把乙醚、煤油、松节油、旱烟油涂在蜱虫头部；或在蜱虫旁点蚊香，使蜱虫"麻醉"，让它自行松口；或用液状石蜡、甘油厚涂蜱虫头部，使其窒息松口。

（3）一般被蜱虫叮咬数天之后身体才会有反应，如果出现剧烈头痛、呼吸困难、身体麻痹、心悸等现象，应立即就医。

198. 如何预防被毒蜂蜇伤？

（1）野营或外出时，选择浅色或白色的长袖衣服和长裤、长袜，戴浅白色帽子。

（2）勿佩戴耳环、项链、手环、脚环等饰物。

（3）不要抹发油、发胶或喷香水，也不要使用化妆品。

（4）万一看见蜂在附近绕来绕去，千万不要挥打它，要赶快往反方向回避。

（5）若看见蜂巢，勿接近其保护范围，应尽快远离。

（6）万一被一大群蜂袭击，来不及逃逸，应立即蹲下静止不动，并迅速取出衣服遮盖全身避免被蜇。

199. 被毒蜂蜇伤如何处置？

（1）用3%氨水或苏打水洗搽或湿敷伤处。

（2）局部涂以南通蛇药。

（3）用紫花地丁、半边莲或七叶一枝花捣烂外敷。

200．如何预防被蜈蚣咬伤？

不要光脚在有蜈蚣活动的地方行走，更不要用手直接抓捕蜈蚣。

201．被蜈蚣咬伤如何处置？

（1）局部用 3% 氨水或 5% 碳酸氢钠溶液涂抹并冷敷。

（2）伤口周围注射 0.5% 普鲁卡因 20 毫升，可解除疼痛，消除肿胀。

（3）以雄黄、枯矾混合研末，再用浓茶或白酒调匀，外敷伤口。

（4）有过敏征象者可用抗组织胺类药物及镇静剂。

202．如何预防被蝎子咬伤？

（1）搞好室内外环境卫生，清除砖瓦石块、杂草枯叶，使蝎子无栖息场所。

（2）夜晚活动时用灯光或手电筒照明，防止在黑暗中直接用手触摸墙壁。

203．被蝎子咬伤如何处置？

（1）立即拔出毒刺，局部冷敷，减少毒素吸收。

（2）在咬伤部位涂 3% 氨水或 5% 碳酸氢钠溶液。

（3）局部注射 1% 盐酸依米丁 1 毫升，数分钟内疼痛就可消失，恢复正常。

（4）用南通蛇药片外敷。

204．被蚂蟥咬伤如何处置？

（1）当蚂蟥吸附皮肤时，不可硬拔，可在蚂蟥身上猛拍几下，也可在其头部涂以食盐、肥皂、乙醇、醋、辣椒、烟油，或用烟头、火柴烧其背，使之脱落。

（2）用 5%～10% 碳酸氢钠溶液冲洗伤口，涂以碘酒，防止感染。

（3）在热带丛林地区，出现原因不明的头痛及鼻出血，应考虑有蚂蟥寄生的可能性。对寄生于鼻腔内的蚂蟥，可将面部浸入冷水中，诱其外出，或滴涂盐水或乙醇，使之脱落。

205. 如何防范被狗咬？

（1）在室外或路上遇到不熟悉的狗，不要与它玩耍。

（2）如果是狗先靠过来，最好保持不动，让狗闻闻味道，并轻声对它说话，然后慢慢离开。

（3）被狗追赶时，不要奔跑，刻意做出弯腰在地上拾取东西的动作，不要盯着狗看。

206. 被猫、狗咬伤怎么办？

（1）戴双层橡胶手套对伤口进行处置。

（2）立即用肥皂水或清水冲洗伤口至少 15 分钟，挤压伤口，排出污血。

（3）不包扎伤口，立即到疾控中心注射狂犬病疫苗和破伤风抗毒素。

207. 无毒蛇和毒蛇的形态特征分别是什么？

无毒蛇的头多呈椭圆形，尾长而细，身上的色彩单调，被咬后伤口常呈排状牙痕。

毒蛇的头呈三角形，尾短而细，身上有花斑色彩，被咬后伤口有 2 个或 4 个深牙痕。

208. 被蛇咬了怎么办？

（1）立即用柔软的绳子或乳胶管，在伤口上方超过一个关节的位置结扎，不扎太紧，间隔 30 分钟放松 3～5 分钟，避免影响血液循环，造成组织坏死。

（2）挤压伤口周边组织，尽量多地挤出毒液和血液，不可用嘴吸，避免引起二次中毒。

（3）用利器切开伤口，用清水冲洗。

（4）不要奔跑或运动，延缓毒素的扩散，通过冷敷减慢血液循环速度。

（5）记住蛇的体征，立即就医。

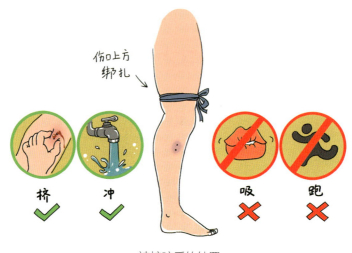

被蛇咬后的处置

209. 如何预防被毒蛇咬？

（1）穿好鞋袜、长裤，被咬时可减少体内蛇毒量。

（2）进入山林、草丛时，最好用棍打草木，以打草惊蛇的方式驱赶，晚上携带照明工具。

（3）穿越树林时应戴帽子，以防被树上的毒蛇咬伤。

（4）在杂草丛、乱石堆等处休息前，应先仔细检查，勿将手伸入树洞和其他洞穴内。

（5）如遇眼镜王蛇等追来时，不要惊慌，不要直线或向下坡逃避，可按之字形路线，向上坡或光滑的地面跑去；也可站在原地，面对着它，注意它的来势，向左右避开，或在它攻击时，用棍棒等给它当头一棒。

第四节　运动损伤的紧急救治

210. 如何避免运动损伤？

（1）选择适龄的运动项目，不同的运动项目对年龄是有要求的。

（2）正式运动前做好热身。

（3）掌握好运动强度，一次运动时间不要超过1小时，间隔10分钟休息后再运动。

（4）用好运动防护用具，重视和正确使用运动防护设备，如头盔、护膝护腕、救生衣等。

（5）遵守运动规则，在运动中应时刻牢记规则。

（6）选择在正规的、有急救条件和资质的地方运动。

211. 崴脚了怎么办？

（1）轻度崴脚（足踝软组织受损）后，受伤的脚尽量不再继续活动，可用绷带等捆绑固定；病情趋于稳定后可适当活动，但不能剧烈运动。

（2）中度（足部外踝或第五跖骨基底）或重度崴脚（内外踝均骨折）后，应去医院进行康复治疗。

（3）24小时内禁止按摩伤处，可冷敷，也可使用一些喷雾剂帮助止血止痛。

（4）72小时后采用热敷。

212. 扭伤了怎么办？

（1）扭伤24小时内，用冰袋冷敷受伤部位，减轻疼痛和肿胀。

（2）扭伤72小时后，热敷受伤部位，促进血液循环。

（3）如受伤部位在关节处，应该用弹性绷带进行包扎，并抬高。

（4）受伤部位避免活动，以减轻疼痛。

213. 骨折后如何急救处理?

（1）固定时，骨折处与夹板之间要有衬垫，以减轻疼痛，避免进一步损伤。

（2）将木片或折叠起来的报纸、杂志制成夹板，放在受伤部位的下面或侧面，如果超过两个关节，用三角巾、绷带或领带固定夹板和伤处，结打在夹板和伤处之间的空隙上，露出远端指（趾），便于观察末梢循环，将伤肢曲肘 75°。

（3）尽快前往医院检查，由专业人员进行处理。

（4）在现场环境安全的情况下，尽量不要移动伤员，可不作处理，等待专业医务人员到来。

214. 动脉出血了怎么办?

用干净的纱布垫或布（棉）垫直接按压在伤口上。如果没有干净的布垫，也可用洗净的双手按压伤口的两侧，持续按压，力度适中（以刚好不出血为宜）。

当伤口内有较大的异物时，不要盲目地将异物取出或清除。

另外，应尽快送医救治。

215. 止血带止血有哪些注意事项?

（1）止血前洗净双手，并戴上手套，以免受到感染。

（2）记录绑止血带的时间，应每隔半小时放松止血带半分钟左右，在放松止血带的同时，应压住伤口，以免大量出血。

（3）如果伤口在腹部位置，且受伤器官已经移位，不要尝试把它们移回原位，而应将敷料敷在伤口上。

216. 包扎止血的位置有哪些?

（1）上肢较高位置出血时，止血带放在上臂上部。

（2）前臂出血时，止血带放在上臂下部。

（3）下肢较高位置出血时，止血带放在大腿上部。

（4）小腿出血时，止血带放在大腿下部。

217. 什么是自动体外除颤器？

自动体外除颤器（Automated External Defibrillator，简称 AED）又称自动体外电击器、自动电击器、自动除颤器、心脏除颤器及傻瓜电击器等，是一种便携式的医疗设备，可以诊断特定的心律失常，并给予电击除颤，是可被非专业人员使用的用于抢救心源性猝死患者的医疗设备。

218. 如何使用自动体外除颤器？

（1）开启 AED，打开 AED 的盖子，依据图像和声音的提示操作（有些型号需要先按下电源）。

（2）在患者胸部适当的位置紧密地贴上电极。通常而言，两块电极板分别贴在右胸上部和左胸左乳头外侧，具体位置可参考 AED 机壳上的图样和电极板上的图片说明。

（3）将电极板插头插入 AED 主机插孔。

（4）若一次除颤后未恢复有效灌注心律，再进行 5 个周期心肺复苏，然后 AED 再次分析心律，除颤，直至急救人员到来。

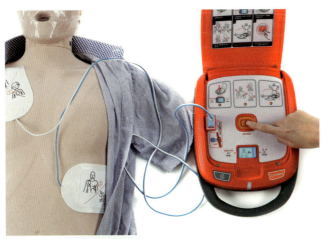

扫码观看教学视频

AED 贴极片位置及 AED 设备图

219. 有人晕厥了怎么办？

（1）当有人出现面色苍白、神志不清和出冷汗等症状时，应立即让病人呈蹲位，或扶住他。

（2）将病人放至平卧姿势，头低一些，松开其衣领、腰带和衣扣等紧身衣物。

（3）用手指按压人中、百会、涌泉和内关等穴位，促使病人苏醒。

（4）在病人苏醒并恢复意识后，让其饮用少量水或茶。

（5）若是不明原因引起的晕厥，应立即拨打 120 送往医院。

220. 有人出现运动性猝死怎么办？

当有人出现猝死情况时，在场的人要立即争分夺秒地对其进行心肺复苏抢救。

首先判断病人的意识和呼吸，如果无反应且无呼吸或出现濒死叹息样呼吸，立刻向旁边的路人呼救，请求帮忙拨打 120，并取 AED。接着将一只手的掌根放在病人胸部中央，即胸骨下半部，将另一只手的掌根置于第一只手上。按压时双肘须伸直，垂直向下用力按压，按压深度为：成人至少 5 厘米，儿童约 5 厘米，婴儿约 4 厘米。成人

派人拨打 120 急救电话并取 AED

按压频率为 100～120 次 / 分钟。心脏按压后还应在开放气道的前提下进行口对口的人工呼吸，有效人工呼吸的判断标准为胸部微微起伏。心外按压和人工呼吸的比例为 30：2。无论之前在做什么，AED 送到后应马上按照提示使用，不要有任何犹豫，直至医院急救人员到来。

第五节 心理健康

221. 如何正确认识挫折?

（1）知道挫折有其必然性和偶然性。

（2）冷静且客观地分析挫折产生的原因，寻求解决问题的方法，以改变自身的不良个性。

222. 如何提高抗挫力?

（1）热爱生活。

（2）锻炼意志力。

（3）树立正确的世界观、人生观和价值观，重建目标系统。

（4）做好成败两手准备，有了"最坏"的准备，就等于增强了心理承受能力。

（5）培养兴趣爱好，调节好情绪，如通过阅读、写作、书法、美术、音乐、舞蹈、体育锻炼等方式，使情绪得以调适。

（6）照顾好身体，保持睡眠充足，加强锻炼，饮食均衡，作息有规律。

（7）多与他人沟通，花时间和家人、朋友在一起，保持健康的精神状态，接受家人、朋友的帮助。

223. 如何战胜挫折?

（1）学会宣泄，摆脱压力。

（2）学会自我解嘲，调整心态。

（3）多交朋友，向他人倾诉遭受挫折后的心情及今后打算，改变内心的压抑状态，寻求同伴的帮助。

（4）向心理老师咨询。

（5）拨打心理咨询热线电话 12355，到心理健康辅导中心寻求帮助。

224. 他人遇到挫折时该怎么做？

（1）注意身边同学的异常表现，及时报告给老师。

（2）陪伴并安慰同学，开展同伴互助。

225. 如何拥有自信？

（1）对自己进行正确评价。

（2）提出适当的奋斗目标。

（3）找到自己的榜样。

（4）相信自己的选择。

（5）耐心等待。

226. 如何调整自己的情绪？

（1）调整认识角度。换个角度去认识，理性一些去认识。

（2）学会难得糊涂。对于一些无关大局的非原则性的外部刺激，在认识上要模糊一些。

（3）合理进行宣泄。在遇到挫折和失败，内心苦闷难受时，畅快地哭一场，或找人诉说一通，都是缓解心情压抑的好办法。

（4）通过活动转换。利用环境的调节和活动的转移来排忧解难。

（5）巧用幽默缓解。遇到某些无关大局的不良的外界刺激时，如别人的讪笑、挖苦等，要避免陷入激怒状态，最好的办法就是超然洒脱一些。

第四章

社会安全事件应急安全常识

第一节　诈骗劫持的防范与应对

227. 针对大学生的常见骗术有哪些？

（1）通过网上交友骗取信任后，编造谎言进行诈骗。

（2）利用同学的同情心寻机诈骗。

（3）以恋爱的名义进行诈骗。

（4）编造学生在校受到意外伤害，对学生家长、亲属进行诈骗。

（5）冒充学校工作人员进行诈骗。

（6）以手机短信形式进行中奖之类的电信诈骗。

警惕以"恋爱"为名的骗局

228. 手机上网如何"避雷"？

（1）选择官方应用市场下载手机软件。

（2）注意甄别短信内的链接。

（3）慎重扫描二维码，不贪小便宜。

（4）定期检查手机软件权限，如读取通讯录、照片的权限等。对不明确场景的一定不要授权。

229. 什么是电信诈骗？

电信诈骗就是违法犯罪分子利用手机短信、电话、传真和互联网等通信工具假冒国家机关、公司、医院、朋友等名义，谎称被骗人中奖、退税、家人意外受伤、朋友有急事、有人加害或出售致富信息和投资分红等，在骗取受害人信任后，叫其将钱汇入指定银行账户的一种诈骗活动。

230. 遇到电信诈骗如何应对？

首先应及时记下犯罪分子的电话号码、电子邮件地址、QQ 号、银行卡账号，并记住犯罪分子的口音、语言特征和诈骗的手段经过，及时到公安机关报案。

随后通过拨打 95516 银联中心客户服务热线的人工服务台，查清该诈骗账号的开户银行和开户地点。

接着拨打该诈骗账号归属银行的客服电话，或登录该诈骗账号归属银行的网址，进入网上银行界面，输入诈骗账号，然后重复输错五次密码，使该账号冻结止付，时限为 24 小时。在接报案件后的次日零点后再重复上述操作，则可继续冻结止付 24 小时。

231. 如何防止网络欺骗？

（1）不要轻易相信网上中奖之类的信息，某些不法网站或个人常常通过向网民公布一些诸如 E-mail、ICQ、OECQ 号码中奖的信息，要求中奖人邮寄汇费、提供信用卡号或个人资料，套取个人钱物、资料等。

（2）不要轻易相信网上来历不明的测试个人情商、智商、交友之类的软件，这类软件大多要求提供个人的真实资料，而这往往就是一个网络陷阱。

（3）不要轻易用自己的电话号码、手机号码在网上注册，否则易受到一些来历不明的电话、信息的骚扰。

（4）不要轻易相信网上公布的快速致富的窍门，"天下没有免费的午餐"，一旦相信这些信息，绝大部分人都会赔钱，甚至血本无归。

232. 什么是网络间谍陷阱?

网络间谍陷阱是指境外间谍情报机关及其代理人披着记者、商人、研究人员和军事爱好者等外衣,利用互联网上各种交友、求职网站及软件,发布虚假的岗位招聘、兼职或交友等信息,对我国境内人员进行拉拢、渗透和情报交易的非法活动。

网络间谍陷阱

233. 如何防范网络间谍陷阱?

在求职、交友、聊天、学术研究交流等社交活动中,拒绝向不明身份人员或网站提供单位内部情况、文件资料或军事情报。

234. 如何安全使用社交软件?

(1)谨慎对待网络交友,注意区分网络与现实的区别,避免过分沉迷于网络。

(2)在社交媒体上谨慎分享个人信息。

(3)在网络活动中应守法自律,学会分辨网络上散播的有害的、不实的信息,不要受不良言论和信息的误导,不要参与有害和无用信息的制作和传播。

（4）在不了解对方的情况下应尽量避免和网友直接会面或参与各种联谊活动，以免被不法分子钻空子，危及自身安全。

（5）进行网络购物或交易时，事先对商品信息或交易情况进行核实，不轻易向对方付款或提供银行卡密码，警惕网络诈骗。

（6）不要相信软件中附带的赚钱工具、方式或渠道，如玩游戏赚钱、做任务提现等。

（7）合理控制社交软件的使用时间。

235. 如何安全地上网冲浪？

（1）尽量不要随意下载程序。

（2）不要运行不熟悉的可执行文件，尤其是一些看似有趣的小游戏。

（3）不要随便将陌生人加入 QQ 或微信的好友列表，不要随便接受他们的聊天请求。

（4）不要随便打开陌生人的邮件附件。

（5）不要逛一些可疑或另类的站点。

236. 如何防止纠纷？

（1）冷静克制，切莫莽撞。无论争执由哪一方引起，都要持冷静态度，绝不可情绪激动。

（2）诚实谦虚。在与同学及其他人相处时，诚实、谦虚是加强团结、增进友谊的基础，也是消除纠纷的最好方法。

（3）要做到语言美。首先，说话要和气，不强词夺理，不恶语伤人；其次，说话要文雅，谈吐雅致，不说粗话、脏话；再次，说话要谦虚，尊重对方，不说大话，不盛气凌人。

237. 发生纠纷怎么办？

首先，要冷静一下，避免感情用事，使矛盾进一步激化。其次，要认真思考，自我检查，如果自己有过错，应主动向对方道歉，如果是对方的过失，应尽可能宽容对方。再次，如果不是宽容能解决的问题，也必须采用合情合理合法的办法解决，必要时可请院系辅导员或系部领导调解，或报学校学生主管部门、保卫部门及公安部门解决，决不能采取以牙还牙、敲诈勒索或纠集他人帮忙行凶报复等非法手段私了，否则不但无法解决问题，反而会使问题升级，导致自己受校纪处分甚至法律制裁。

238. 如何摆脱他人的跟踪？

（1）保持冷静：不要与尾随者正面交锋，而应专注于到安全的地方去。

（2）利用物品观察：利用窗户和镜子向后看，不要转身或扭头去看。

（3）改变行程：通过改变方向、过马路或多转几个弯的方式，验证是否被人跟踪。

（4）在监控视频中出现：留意闭路监控摄像头，确保在路上经过这些摄像头，以便捕获跟踪人的影像。或用手机设置视频拍摄模式，一次记录发生的事情。在抓拍跟踪人的影像时，应泰然自若地拿起手机，仿佛是在查看手机信息。

（5）待在安全的地方：避开废弃的地方，如小巷子或空旷无人的街道。

（6）去公共场所：乘坐公共交通工具，越拥挤越好。如果尾随者也上车，就在正好要关门时下车。

（7）争取时间：进商店、餐馆或其他公共场所，为自己争取时间考虑应对方案。

（8）获取帮助：给朋友打电话或报警。

（9）混在人潮中：尽快走进人潮中。

239. 女生被劫持施暴怎么办？

（1）用酒店的消防报警器等设施。

（2）坚持大声呼喊，相信一定有人能听到。

（3）如还有能力，请留下施暴者的证据。

（4）多踹其他客房门。

（5）向周围人呼救，要有具体指向，拜托其拨打 110。

（6）尽量朝罪犯要害处下手。

（7）尽量抱住围观者中可以救自己的人。

（8）丢掉或损坏围观者身上的财物，如手机、包等。

如果突然被罪犯拦胸抱住，
用力向上击打其下巴。

如果罪犯掐住你的脖子，
用力将其小拇指掰折。

240. 遇到劫持甚至恐怖袭击怎么办？

（1）保持冷静，不要盲目反抗。

（2）不对视，不对话，趴在地上，动作要缓慢。

（3）将书等物品塞进衣服里挡住前胸，缓冲袭击者锋利的刀锋。

（4）如果携带了手机，应注意隐藏，调至静音，发短信到 12110 报警。

241. 应对恐怖袭击事件的要诀是什么？

应对恐怖袭击事件的要诀是：跑、藏、搏斗。

跑：迅速跑到安全区域。

藏：躲藏在有牢固掩体的安全区域。

搏斗：如果没有成功逃跑或躲藏，要合理利用身边的物品（如书包、椅子等）自卫；如果没有东西可用于防御，面对袭击者的砍杀，可仰面躺在地上，双腿弯曲打滚，不停交替蹬踹，以延迟时间，等待他人救援。

242. 遇到燃烧爆炸有哪些自救方法？

遇到现场发生爆炸，自救的方法有离开自救、卧倒自救、滚动自救和止血自救等。

离开自救：选择时机迅速离开爆炸现场，离开时应选择在防护屏障的安全防护面行走。

卧倒自救：在一定距离范围内立即就地卧倒，卧倒时脚朝向炸点方向，尽量选择躲在较为坚固的防护屏障后，一只手枕在额前，另一只手盖住后脑，眼睛注意后方；如果看到核爆炸闪光，应立即背向爆心卧倒，之后用淋浴消除放射性物质。

滚动自救：如身上着火了，应迅速保护好脸部并趴下，滚离高温及火焰席卷区域。

止血自救：如有出血，特别是喷射状的动脉出血，应迅速进行止血；一般应迅速用手指按压或用弹性好的橡皮带子（止血带）捆压住出血口上方（近心端）进行止血。

243. 如何应对欺凌事件？

（1）不主动与同学发生冲突，一旦发生，及时找老师解决。

（2）平时穿戴用品尽量低调，不要过于招摇。

（3）平时多交益友，不交损友。

（4）第一次被欺负时，用严厉的语言制止，给人以威慑作用，让别人知道自己也不是好欺负的。

（5）当别人第二次欺负自己时，要适时予以反击。

（6）寻求老师、同伴的理解和帮助，从欺凌事件中走出来，思考未来如何避免：第一，尽量避开人流稀少、容易遭到欺凌的区域；第二，多参加社会活动，发现自己的闪光点。

第二节　化学事故的防范与应对

244. 什么是化学事故?

化学事故是化学危险品由于意外原因导致人员中毒和环境危害事故的统称。近年来,在学校实验室发生化学试剂火灾的情况时有发生。

245. 对有毒有害物质的防护一般有哪些办法?

目前主要有两大类:隔绝式防护和过滤式防护。隔绝式防护主要采取密闭措施,阻止染毒空气直接与人体接触。过滤式防护主要采用滤毒通风装置,滤除染毒空气中的有害成分,提供人员所必需的新鲜空气。

246. 发生化学事故采取的防护措施有哪些?

发生化学事故采取的防护措施有撤离、隐蔽、使用器材防护。

(1)利用附近的人防工事进行隐蔽。

(2)利用一些气密性较好的地面建筑物进行隐蔽:

1)墙壁、屋顶一般是不漏气的,门窗关好后,在其缝隙处塞上密封胶条或浸有对事故毒物有作用的相应溶液的纸条(布条),有效减少毒气的侵入。

2)用棉絮、毯子等织物密封门窗。

3)室内人员应及时戴上防毒口罩、浸水纱布口罩、毛巾、棉织物等临时应急防护用品。

4)室内不准使用明火,减少室内氧气的消耗。

(3)暴露在公共场所的人员应设法隐蔽到高层建筑的背风一端,并使用随身携带的手帕、毛巾、口罩、塑料布、塑料雨衣等,做好以呼吸道为主的防护措施。

247. 突发状况下的应急防护措施有哪些?

(1)制作滤毒口罩:将毛巾、口罩、布块或纱布等织物浸入 5% 的硫代硫酸钠、10% 的碳酸钠、10% 的碳酸氢钠、30%～40% 的硫酸锌溶液或肥皂水、石灰水及普通水中，稍拧干，可作为滤毒口罩；将毛巾折成8~12层，布折成3~4层，纱布折成20~40层；使用时闭嘴用鼻深呼吸。

（2）在毛巾、布、衣袖、裤管内包入活性炭。

（3）若毒物刺激眼睛，可用聚乙烯薄膜及其他透明塑料蒙住眼睛，周围用胶布固定。

（4）无任何防护器材时，可撕下部分衣服的布块，迅速包入一定量的颗粒状干土，折成约5厘米厚的大口罩紧贴口鼻处，立即离开污染区。

248. 如何制作简易防毒面具？

（1）取一只2.5升的空可乐瓶，剪去底部，拧去盖子，倒放。

（2）根据使用人员脸的大小剪一U形口，使其与口鼻部位相密合，毛边用胶布贴合。

（3）在U形两边打两个小洞，穿上橡皮筋。

（4）依次放入纱布、棉花、黄沙、活性炭等物质，将填充物压紧。

（5）在鼻子处打一个小洞，作为呼气孔。

（6）剪一块方形塑料薄膜，将其覆盖于小孔处，并将其上部用胶布贴牢。

249. 如何制作简易防毒口罩？

（1）把普通毛巾叠成6层以上（能透气），将上端两角折回，按自己的脸型缝成鼻垫，或缝上一块铝片（铝片不用另外购买，可从易拉罐上剪下，也可从身边的马口铁铁盒上剪下，比如金属的茶叶罐、月饼盒等），加上带子，制成口罩。

（2）也可用纱布折叠20~40层制成口罩。使用前放入碱性溶液（5%~10%的小苏打水溶液、石灰水、肥皂水）浸泡，拧掉水，使其干湿适中。

（3）戴上后，用手捏压铝片，使之与鼻颊密合。使用时要经常使口罩保持湿润，也可事先配好碱性水，装在小瓶内以备使用，用后洗净、晾干以备再用。

（4）浸碱防毒口罩对防沙林、路易氏气、氢氰酸等毒剂蒸气效果较好。

使用时最好在外面加上毛巾或棉花，以提高对毒烟、毒雾的防护效果。

250. 如何制作简易防毒衣？

制作简易皮肤防护器材应尽量使用隔绝材料，包扎时要注意密合且便于解脱。例如，为保护手部皮肤免遭放射性灰尘和毒剂的伤害，应使用橡胶手套、皮手套和棉手套等，不宜使用医用手套和塑料薄膜手套。脚部防护应使用劳保靴套、胶鞋和长筒雨鞋，必要时可用布块、塑料布等耐磨柔性材料制作成简易"绑腿"进行下肢防护。风雨衣、皮夹克、防尘服或塑料服、帆布、毯子、大衣、被子、雨伞等在紧急情况下均可用来保护身体，帽子、围巾对头部也有一定的防护作用。

251. 如何制作简易防毒眼镜？

（1）首先用粗铁丝做两个圈，在圈上缠上棉花，使其与眼眶四周紧密贴合，然后用玻璃片或透明塑料做镜片，并用胶布粘于镜框上，最后缝上系带即可备用。

（2）也可用普通风镜改制或在透明塑料袋上开个口，把防毒口罩缝在口上，使用时套在头上，扎紧即可。

252. 如何佩戴防毒面具？

（1）佩戴防毒面具时，首先将中、上头带调整到适当位置，并松开下头带，用两手分别抓住面具两侧，屏住呼吸，闭上双眼，将面具下巴部位罩住下巴，双手同时向后上方用力撑开头带，由下而上戴上面具，并拉紧头带，使面具与脸部贴合，然后深呼一口气，睁开眼睛。

（2）检查面具佩戴气密性的方法是：用双手掌心堵住呼吸阀体进出气口，然后猛吸一口气，面具紧贴面部、无漏气即可，否则应查找原因，调整佩戴位置直至气密。

（3）佩戴时应注意不要让头带和头发压在面具密合框内，也不能让面具的头带爪弯向面具内。另外，在佩戴面具之前应将自己的胡须剃刮干净。

第三节　吸毒防范与应对

253. 吸食毒品对身心有哪些危害？

（1）毒性作用：毒性作用是指用药剂量过大或用药时间过长引起的对身体的一种有害作用，通常伴有机体的功能失调和组织病理变化。中毒主要特征有嗜睡、感觉迟钝、运动失调、幻觉、妄想、定向障碍等。

（2）戒断反应：戒断反应是长期吸毒造成的一种严重和具有潜在致命危险的身心损害，通常在突然终止用药或减少用药剂量后发生。许多吸毒者在没有经济来源购毒、吸毒的情况下，或死于严重的身体戒断反应引起的各种并发症，或由于痛苦难忍而自杀身亡。戒断反应也是吸毒者戒断难的重要原因。

（3）精神障碍：吸毒导致的最突出的精神障碍是幻觉和思维障碍，这类人的行为特点是围绕着毒品转，甚至为吸毒而丧失人性。

（4）感染性疾病：静脉注射毒品给滥用者带来感染并发症，最常见的有化脓性感染、乙型肝炎和艾滋病。此外，吸毒还会损害神经系统、免疫系统，使人容易感染各种疾病。

254. 吸食毒品对社会有哪些危害？

（1）危害家庭生活：吸毒者在自我毁灭的同时，也破坏了自己的家庭，使家庭陷入经济破产、亲人离散甚至家破人亡的困境。

（2）破坏社会生产力：吸毒会导致身体疾病，影响生产，造成社会财富的巨大损失和浪费。毒品活动还造成环境恶化，缩小了人类的生存空间。

（3）扰乱社会治安：毒品活动加剧诱发了各种违法犯罪活动，扰乱了社会治安，给社会安定带来巨大威胁。

255. 如何抵制毒品的诱惑？

（1）不盲目追求享受，寻求刺激。

（2）不听信毒品能治病、解脱烦恼痛苦、带来快乐等各种花言巧语。

（3）不去涉毒场所，不结交有吸毒、贩毒行为的人。

（4）不好奇食用不明食物或陌生人给的食物。

256. 发现同学、朋友吸毒、贩毒怎么办？

发现同学、朋友吸毒、贩毒，一是劝阻，二是远离，三是报告公安机关。

第四节 应急报警号码

257. 常用的应急报警号码有哪些?

报警电话 110   急救电话 120   火警电话 119

森林防火报警电话 12119

公安短信报警电话 12110

火灾隐患举报投诉电话 96119

市民服务热线 12345

消费者投诉举报热线 12315

全国高速公路报警救援电话 12122

国家安全机关受理公民和组织举报电话 12339

全国反诈热线 96110

妇女维权公益服务热线 12338

上海燃气热线 962777

附录一 安全常识案例

1. 校园贷负面事件案例分析

2017 年 8 月 15 日，北京某外国语高校的一名 20 岁大学生在吉林老家溺水而亡。家人发现他留下的遗书后，他的手机还不间断地收到威胁恐吓其还款的信息。据其家人介绍，该学生此前曾在多个网络借贷平台借"高利贷"，累计达到 13 万余元，其中一笔借款数额为 1100 元，一周后需还 1600 元，周利息高达 500 元。以上案例给你什么警示？

参考答案：

2015 年，中国人民大学信用管理研究中心对全国 252 所高校近 5 万大学生进行调查，并撰写了全国大学生信用认知调研报告。调查显示，在弥补资金短缺时，有 8.77% 的大学生会使用贷款获取资金，其中网络贷款几乎占一半。只要你是在校学生，上网提交资料，通过审核后支付一定的手续费，就能轻松申请信用贷款。不法分子趁此实施电信网络诈骗犯罪，手法多种多样，如刷单诈骗、贷款诈骗、投资理财类诈骗及网络贷款诈骗等，让借贷者在不知不觉中背负高额利息，导致大学生因无力偿还而自杀等负面事件的发生。

目前，政府加大了对校园贷的监管。2016 年 8 月 24 日，银监会亦明确提出用"停、移、整、教、引"五字方针整改校园贷问题。经过整治，校园贷得到遏制，但又出现回租贷、培训贷等诸多"新马甲"。

2017 年，教育部等部门联合下发《关于进一步加强校园贷规范管理工作的通知》，明确要求未经银行业监督管理部门批准设立的机构不得进入校园为大学生提供信贷服务。此外，很多商业银行加大对高校助学、培训、消费、创业等金融产品的研发和推广，为大学生提供规范、合法的金融服务，从而将不良网贷赶出校园。

　　作为大学生，一方面要加强自控能力，杜绝恶性超前消费，挖东墙补西墙，甚至冒用同学的身份证借贷等不良行为，另一方面要掌握基本的金融知识，消除懵懂的借贷心理，理性借贷。

2. 科技安全保密知识案例分析

　　新疆某科研单位部门负责人瀚文在一次出国学习中，被 A 国间谍情报机关工作人员盯上，随后被花言巧语威逼利诱，不得已提供了部分内部资料。A 国在得知我国"921"国家重点实验项目科研工作已经取得成果后，再次派美艳的间谍情报机关工作人员入境，与负责此科研项目的瀚文见面。然而，法网恢恢，疏而不漏，这一阴谋早已在国家安全机关的掌握之中。瀚文在新一轮威逼利诱下，内心的良知最终战胜贪欲，关键时刻拨打了 12339 举报电话，最终配合国家安全机关干警顺利抓捕了该间谍情报机关工作人员。以上案例给你什么警示？

　　参考答案：

　　作为一名科研人员，保守科研机密是最起码的职业准则。在出国学习时，应注意保守国家秘密。一旦实施了间谍行为，应争取自首或拨打 12339 举报电话。

3. 跨步电压常识案例分析

　　当你在放学回家的路上，正好碰到大风把电线杆上的高压电线刮到地上，和你距离在 10 米之内，这时你应该采取怎样的姿势？请用肢体动作进行示范体验。

　　参考答案：

　　保持单脚着地，减少接触面积，避免跨步电压产生触电。因为你踩的两个地方之间有比较高的电压，会在你身上形成电流，导致你触电。应该把双脚并在一起，然后马上用一条腿蹦离危险处，逐步离开跨步电压区。

4. 禁毒教育案例分析

李某今年 17 周岁，从国外游玩回来，在过海关时被查出其行李中藏有 2000 克未经灭活的罂粟种子，李某自称知道是罂粟的种子，但是朋友托其带的，用于经营火锅店，并不是用于种植毒品。李某的行为是否构成犯罪？请说明理由。

参考答案：

李某的行为构成了非法运输毒品原植物种子罪。理由如下：

（1）李某已年满 16 周岁，符合该罪的主体条件；

（2）主观方面表现为故意；

（3）客观方面实施了运输未经灭活的毒品原植物种子；

（4）触犯了《中华人民共和国刑法》和《中华人民共和国禁毒法》有关规定：禁止走私或者非法买卖、运输、携带、持有未经灭活的毒品原植物种子或者幼苗。

5. 公共卫生安全事件案例分析

2021 年 5 月 22 日，第四届黄河石林山地马拉松百公里越野赛在甘肃省白银市景泰县黄河石林大景区举行，比赛期间遭遇突发降温、降水、大风的高影响天气，导致选手失温、失联，最终 21 人不幸遇难。以上案例给你什么警示？

参考答案：

（1）主办方、运动员需加强安全意识。

（2）面对恶劣天气要事先做好最坏的打算，不能过于乐观。

（3）应提前做好保温工作，避免失温现象发生。山地马拉松赛事中，冲锋衣等保暖装备应该是"强制装备"。

（4）主办方应做好安全管理保障工作，制定应急预案。专业的极限运动中，路线规划、安全保障、医疗准备、应急救援、食品补给等要做到事无巨细，确保万无一失。

（5）运动员一定要量力而行，始终对自己的能力保持清醒的认识，事先对赛事环境有了解，知晓可能出现的灾害气候变化，做好防寒、防风、防雨的装备准备。

附录二　安全常识思考题

1. 日常生活中如何提高抗辐射的免疫力?

参考答案:

(1)能量供给要充足。足够的能量供给有利于提高人体对辐射的耐受力,降低敏感性,减轻损伤,保护身体。谷物中的碳水化合物是身体所需能量的主要来源,糖类供给以果糖最佳,葡萄糖次之,而后是蔗糖等。

(2)蛋白质不能少。接触核辐射的人,要注意摄入充足的优质蛋白质。多吃胡萝卜、西红柿、海带、瘦肉、动物肝脏等富含维生素 A、C 和蛋白质的食物,增强机体抵抗核辐射的能力。

(3)脂类摄入不宜高。由于人在受辐射照射后食欲不振,因此脂肪的总供给量要适当减少,但须增加植物油所占的比重,其中油酸可促进造血系统再生功能,防治辐射损伤效果较好。

(4)多补充维生素。必需脂肪酸及维生素 A、K、E 和 B 族维生素缺乏,会降低身体对辐射的耐受性,宜加量供应。

(5)矿物质须平衡。体内钾、钠、钙、镁等离子浓度须平衡,否则不能维持水与电解质平衡,轻者损害健康,重者甚至危及生命。微量元素与其他营养之间的关系也很重要,锌对许多营养包括蛋白质与维生素的消化、吸收和代谢都有重要影响。辐射损伤时,矿物质(包括微量元素在内)过量或不平衡,均会产生不良影响。

(6)无机盐供应宜加量。在膳食中适量增加无机盐(主要是食盐),可使人增加饮水量,加速放射性核素随尿液、粪便排出,从而减轻内照射损伤。

（7）可适当食用一些辛辣食物。辛辣食物属于常用调料，也是抵御辐射的天然食品。常吃辛辣食物不但可以调动全身的免疫系统，还能保护细胞的DNA，使之不受辐射破坏。

2. 如何获得目的地国中国使领馆的联系方式？

参考答案：

（1）登录外交部网站（http://www.fmprc.gov.cn/）和中国领事服务网（http://cs.mfa.gov.cn/）。

（2）若目的地国与我国无外交关系，则找中国驻其周边国家使领馆的电话。

（3）拨打外交部全球领事保护与服务应急呼叫中心热线号码+8610-12308。

3. 从多起小火亡人的住宅楼火灾事故中可以吸取哪些经验教训？

参考答案：

（1）在日常生活中应注意小电器的使用，注意用电安全。选用合格的电器、开关、插座、电线产品。若小电器不能正常工作，应及时切断电源检查，用时不离人，用毕须断电关闭。

（2）建议安装独立式烟感探测报警器，尽早发现火情。

（3）只要不是塑胶门，门上没有镂空，没有镶嵌普通玻璃，哪怕是木质门，对烟、火都有很好的封堵作用，所以要养成睡觉关门、人走关门的习惯。

（4）发现火情应该第一时间示警，告知起火点附近易受火灾危害的人员尽早撤离。

（5）选择正确的逃生路线，逃生通道上应没有被烟、火封堵，不可盲目冲进浓烟中逃离。选择合适的避难间固守，避难间的门要能阻挡烟、火，有窗便于呼救和被救，且结构牢固不易垮塌。

（6）灭火前准备好灭火失败撤离的退路。

4. 常见的燃气中毒的情况有哪些?

参考答案:

（1）在室内使用煤炉取暖或使用炭烧火锅,门窗紧闭,未安装或未正确安装风斗。

（2）使用管道煤气,管道漏气,开关不紧。

（3）使用燃气热水器通风不良,洗浴时间过长。

（4）冬季在车内发动汽车或开动车内空调后在车内睡觉。

5. 非机动车通过有交通信号灯控制的交叉路口的主要注意事项是什么?

参考答案:

（1）应做到转弯的车让直行的车,行人优先通行。

（2）前方路口交通阻塞时,不得进入路口。

（3）左转弯时,靠路口中心点的右侧转弯。

（4）若有停止信号,应当依次停在路口停止线以外,没有停止线的,则停在路口以外。

6. 公共场所出现混乱局面应如何应对?

参考答案:

（1）发觉拥挤的人群向着自己行走的方向拥来时,应马上避到一旁,但不要奔跑,千万不要被绊倒。

（2）若路边有可以暂避的地方,可暂避一时,不要逆着人流前进。

（3）遭遇拥挤的人流时,不要采用体位前倾或低重心的姿势,即便鞋子被踩掉,也不要贸然弯腰提鞋或系鞋带。

（4）发现自己前面的人突然摔倒了,马上大声呼救,告知后面的人不要向前靠近。

（5）如被推倒,要设法靠近墙壁,面向墙壁,身体蜷成球状,双手在颈后紧扣,做倒地防踩踏自我保护姿势。

（6）如有可能,抓住一件坚固牢靠的东西,如路灯柱、楼梯扶手之类,待人群过去后迅速离开现场。

7. 冰镇西瓜多吃对身体有什么危害?

参考答案:

冰过的瓜瓤可能会让胃肠功能不好的人出现胃肠功能紊乱、腹泻等症状,食欲减退,造成消化不良。

另外,冷藏后瓜瓤里的水分往往会结成冰晶,食用时,口腔会受到突然的刺激,致使唾液腺及舌部味觉神经、牙周神经迅速降温,有时甚至出现麻痹状态,进而引起咽炎或牙痛等不良反应。

在远行、剧烈运动之后,如果大量吃冰西瓜,胃平滑肌和黏膜血管突然受到过冷食物的刺激,很容易出现收缩痉挛,引发胃痛或加重胃病。

8. 感冒药混吃有什么危害?

参考答案:

日常生活中,很多人觉得中药温和,比较安全,常常喜欢中西药搭着吃。对乙酰氨基酚是治疗感冒药物中常用的成分,约80%的抗感冒药都含有该成分。中成感冒药也多含对乙酰氨基酚,如果同时服用含有此成分的中西药,很可能造成对乙酰氨基酚超量,导致中毒性肌溶解和肝肾损害,外周血白细胞、血小板减少,严重时甚至会造成肝肾衰竭或造血系统恶性疾病。

如果感冒了,一定要按说明书来吃药,不要乱吃、混吃感冒药。有肝硬化、脂肪肝、肝炎、胆管结石和胆囊结石、慢性肾病及营养不良的患者应慎用对乙酰氨基酚类药物。如果感冒吃药两三天还不好,一定要及时就医。

看病时一定要相信医生,告诉医生自己之前吃了什么药、买了什么药,这样可让医生对症下药,避免重复开药。

9. 被狗咬了超过 24 小时,打针还有效吗?

参考答案:

被狂犬病宿主动物犬、猫、蝙蝠等温血动物咬伤、抓伤、舔舐黏膜或破损皮肤处称为狂犬病暴露，须通过按照暴露分级情况处理伤口、注射疫苗和免疫球蛋白来预防狂犬病的发生。

狂犬病可防不可治，且潜伏期长，一般在发病前接种疫苗都能起预防作用。为了个人的健康安全，建议尽早接种疫苗。

10. 假设某运动员因运动伤害导致出血，怎样通过出血的情况判断出血的类型？如何进行临时处理？

参考答案：

出血类型	出血症状	止血处置方法
毛细血管出血	红色血液，呈小点状，从伤口表面渗出，看不见明显的血管出血。出血常能自动停止。	通常用碘酒对伤口周围皮肤进行消毒后，将消毒纱布和棉垫盖在伤口上并缠以绷带，即可止血。
静脉出血	血液颜色为暗红色，迅速而持续不断地从伤口流出。	与毛细血管出血大致相同，但须稍加压力缠敷绷带。不是太大的静脉出血，一般可止血。
动脉出血	血液颜色为鲜红，随心脏搏动而呈喷射状涌出。大动脉出血可在数分钟内导致患者死亡。	用拇指压住出血的血管上方（近心端），使血管被压闭住，中断血流。立即送医。
内出血	（1）体腔内出血（如耳朵出血、鼻出血、直肠出血或阴道出血）。 （2）吐血或咯血。 （3）在脖子、胸腔、腹部或在肋骨和臀部之间的侧面有瘀伤现象。 （4）伤口已渗入到头骨、胸腔或腹部。 （5）腹部压痛，很可能伴有腹肌硬化或腹肌痉挛。 （6）骨折。 （7）休克，伤者一般会出现虚弱苍白、焦虑、口渴或四肢冰冷。	立即寻求紧急援助。

11. 大学生常见的不良心理表现集中在哪些方面？

参考答案：

（1）缺乏学习动力、厌学情绪比较严重。

（2）沟通不良，交往恐惧，人际冲突，关系失调，孤独封闭，缺乏社交技能等，从而产生自卑、自负、嫉妒、冷漠等不健康心态。

（3）与异性交往困难，因单相思而苦恋、失恋，陷入多角关系不能自拔，对性冲动出现不良心理反应，对性自慰行为过分自责，时常产生性幻想。

（4）对人生意义的理解、人生价值的取向、人的本质的认识等问题产生消极的评价倾向，经不起批评、打击和失败。

（5）家庭关系、经济困乏、职业选择、个人发展等其他方面也常出现困惑、苦恼及情绪的不稳定等。

12. 女大学生如何防止受骗？

参考答案：

（1）不仅在事后知道要运用法律，更重要的是应将法律意识贯穿于事前和事中。事前要履行完备的明晰化的书面法律手续，不作口头协议。

（2）在与人交往时，对陌生人特别是陌生男人要时刻保持警惕，不要轻易相信其提出的允诺，不把自己的身份、联系方式等告诉他人。

（3）面对诱惑时，千万不要急功近利。天下没有掉馅饼的事情，注意分析对方许诺的利益，就会得出比较客观和是否可行的结论。

（4）很多不法之徒专以"交友""恋爱""求助"为名，利用女性的爱心和情感来行骗，要当心甜言蜜语或"慷慨义举"后所隐藏的欺诈，谨慎交友。

（5）一旦发现受骗，千万别慌神，赶快想办法及时掌握对方有罪的证据，迅速报案，防止打草惊蛇。

后　记

　　《大学生安全教育科普百问》是我继《城市应急安全通识》《中小学生安全教育科普百问》之后主编的第三本科普图书。在上海市应急管理局、同济大学城市风险管理研究院、应急管理部上海消防研究所的指导下，在上海市静安区教育局、上海市国家安全局静安分局、上海市黄浦区人民武装部、上海应急消防工程设备行业协会的大力支持下，特邀请江苏省原常委、江苏省军区原政委曹德信将军，原上海市消防局局长、国家消防救援局特邀研究员赵子新将军，同济大学城市风险管理研究院孙建平院长，以及毛之阶、程迎红、朱江、王荷兰、秦文岸、吴疆、叶静君、金琪、林灵、吴佩英等有关领导专家共同参与编写，在此一并表示感谢。

　　我作为一名社会公民，虽没有大富大贵，但"人之初，性本善"的初心促使我竭尽所能，希望为社会安全做点有益的事。习近平总书记强调，国泰民安是人民群众最基本、最普遍的愿望，要以总体国家安全观为指导，全面实施国家安全法，深入开展国家安全宣传教育，切实增强全民国家安全意识，夯实国家安全的社会基础，防范化解各类安全风险，不断提高人民群众的安全感、幸福感。

"十四五"规划《建议》也指出,"加强国家安全宣传教育,增强全民国家安全意识,巩固国家安全人民防线",以此强调了安全意识的重要性。

公共安全教育是全面提高师生的风险防范意识和防灾避险能力、落实立德树人的任务和基础。随着社会安全环境日趋多元复杂,学校安全教育面临新形势、新问题、新要求。我们编写本书的目的就是帮助学校师生树立国家安全底线思维,将国家安全意识转化为自觉行动,强化责任担当,同时掌握应急安全防范自救互救知识和技能,提高应急安全和防灾减灾能力。

愿该系列丛书能唤起全体师生安全意识的觉醒,以此为安全文化科普教育的起点,点燃星星之火。由于本人专业水平有限,书中如有不足之处,敬请读者批评指正。

2022 年 11 月